普天之下・盡是好書

普天出版家族 Popular Press Family

凌雲文創 A-Plus Creative Company

Thick
Black
Theory

厚黑學

利用人性弱點，讓別人為你效命

完全使用手冊

管人用人篇

戴爾·卡耐基在《人性的弱點》裡說道：

人性中最深切的一種特質，
就是內心那股受人賞識的渴望。

不管是什麼樣的人，都希望自己能夠被理解，能夠被器重，
想要成為一個優秀的領導者，管人用人之時，
就必須妥善運用人性中的這個弱點。

塞萬提斯曾說：**「貓兒被捧上天的時候，也會以為自己就是獅子。」**

其實，適時拍部屬的馬屁是一種最高明的管理技巧，因為，被你捧上天的部屬，
即使是一頭「綿羊」，為了自己的面子，也不得不強迫自己發揮「老虎」的能力來為你賣命。

Thick Black Theory is a philosophical treatise written by Li Zongwu,
a disgruntled politician and scholar born at the end of Qing dynasty.
It was published in China in 1911, the year of the Xinhai revolution,
when the Qing dynasty was overthrown.

王照 編著

【出版序】

現實很殘酷，你必須學點厚黑心術

•王照

人不能只有小聰明，卻沒有大智慧；厚黑學不是教你賣弄聰明、耍奸玩詐，而是教你借用別人的能力，快速達成自己的目的。

現實很殘酷，想在慘烈的人性戰場存活，就必須學點厚黑心術，才能借用別人的能力，快速達成自己的目的。

用點手腕、使點手段，掌握一些厚黑技巧，往往是讓問題迎刃而解的最佳捷徑，同時也是現代人求生自保必備的智慧。

就本質來說，智慧和厚黑的內容是相同的，只不過是同一種應對模式的正反說法，岳飛用的時候，我們稱之為智慧，秦檜用的時候，我們叫它厚黑。

古往今來的歷史經驗與生活教訓告訴我們：成功的秘訣就是智慧。唯有智慧才能使人脫胎換骨，也唯有智慧才能改變人生！

諸葛孔明向來被視爲智慧的化身，英姿煥發，才智溢於言表，手執羽扇頭戴綸巾，談笑間敵艣灰飛煙滅，何其瀟灑自如！他靠的是什麼？答案是智慧。

《西遊記》中的齊天大聖孫悟空護送唐僧前去西天取經，歷經九九八十一難，上天入地，翻江倒海，橫掃邪魔，滅盡妖孽，何其威風暢快，激動人心！貫穿整部《西遊記》的是什麼？答案還是智慧。

許多世界知名將領身經百戰，洞察敵謀，所向披靡，締造一頁頁傳奇。他們何以能叱吒風雲，在險惡的戰場屢建奇功？靠的還是鬥智不鬥力的智慧。

拿破崙橫掃歐洲大陸，如入無人之境；愛迪生一生發明無人能出其右，廣爲世人稱道，原因都在於他們懂得搭建通向成功的橋樑，擁有打開智慧寶庫的鑰匙。

當你前途茫茫、命運乖舛，輾轉反側卻不得超脫的時候，你需要智慧；當你面臨群丑環伺，想要擺脫小人糾纏之時，你需要智慧。

在你身陷絕境，甚至大禍迫在眉睫之際，想要化險爲夷、反敗爲勝，你需要智慧；在你萬事俱備只欠東風的時候，如何把握機稍縱即逝的良機，你需要智慧。

在你身處險境、危機四伏時，想躲避來自四面八方的暗箭，你需要智慧；在你春風得意馬蹄疾揚的時候，如何不致中箭落馬，更需要智慧。

在十倍速變化的世紀裡，古人所說的「離散圓缺應有時，各領風騷數百年」景況將不復出現，一個人的影響力、穿透力至多只能維持數十年。

我們當中，只有極少部分的人能靠著智慧和不斷自我砥礪，而獲得通往成功的通行證，絕大多數的人都將繼續在失敗的泥沼中跋涉，最後慘遭時代吞噬。

更殘酷地說，從來沒有一個世紀是愚騃無知之徒的世紀——他們充其量不過是歷史煙塵中庸碌的過客，或者任由豺狼宰割的羔羊；他們想擁抱時代，時代卻無情地吞噬、遺棄、嘲弄他們。

無疑的，二十一世紀是智者通贏的世紀，我們既面臨空前無情的挑戰，同時也面臨曠世難遇的機遇。

失意、落敗、悲哀無可避免地會降臨在那些愚騃懵懂、懦弱無能的人身上，這些人將成爲時代的棄兒，被遺棄在歷史的垃圾堆。

成功的機遇則會擁抱那些充滿智慧、行事敏捷、勇於進取的人；唯有這些人方能成爲時代的驕子，分享新世紀的光輝和榮耀。

洛克維克曾經寫道：「狼有時候也會保護羊，不過那只是為了便於自己吃羊。」

在這個誰低下脖子，誰就會被人當馬騎的年代裡，如果想要生存下去，就要具備厚黑的智慧，既要通曉人性的各種弱點，又要懂得運用爲人處世的技巧。

本書要教導讀者的，就是在人性叢林中成功致勝的修身大法。內容包含兩個層面，一是自我素質的快速提昇，透過吸收書中列舉的借鏡與知識，累聚各式各樣必備的智慧，增進自身的涵養；一是徹底摸清人性，修習爲人處世的技巧，運用機智、適當的手腕，適時發揮本身所具備的才能。

這兩者正是獲得成功的最重要因素，也是決定性的因素。

人不能只有小聰明，卻沒有大智慧；厚黑學不是教你賣弄聰明、耍奸玩詐，而是教你看穿人性、修練人生。如果你不懂得厚黑學，不懂得洞悉別人如何耍弄心機，那麼永遠都只會是人性戰場上的輸家。

出版序 現實很殘酷，你必須學點厚黑心術 ●王照

01. 觀察小習慣，就能避免大麻煩

懂得從小習慣了解一個人的內在特質，領導者才能發掘人才、知人善任；懂得從小地方判斷未來情勢，領導者才能預防禍端。

注重屬下的利益，工作才會順利 020
不同的人用不同的激勵 025
疼惜下屬，下屬才會為你賣命 028
偶爾裝糊塗，才會有前途 032
尊重小人物，會有大幫助 036
容貌美醜不代表才能高低 041
觀察小習慣，就能避免大麻煩 044
由小見大是舉用人才的好方法 048
熟悉屬下才能知人善任 052

02.

用人唯才，才能吸引人才

領導者要能拋棄個人成見，客觀地對他人做出評價，即使情感上不喜歡，也決不以私害公、以私誤公，而應看中對方的能力加以重用。

為人才創造一個良好的環境 058
沒有私心，才有良心 063
用人唯才，才能吸引人才 067
垃圾只是放錯位的寶貝 071
疑人也用，用人也疑 074
人才是企業發展的關鍵 077
要吸引人才，就要有保護人才的魄力 081
牢記對方的姓名就是給對方尊重 084

03. 容忍缺點，才能善用優點

人有長處，也有短處；優點越突出，缺點也越突出，領導者既要重用人才的長處，就要能容忍他的缺點，才真能得到人才的幫助。

放心，屬下才能發揮積極性 088
驕矜悅己當然拒人千里 091
付出感情，員工才會回報熱情 094
不計恩怨才有人才可用 097
得罪下級，小心後悔莫及 101
容忍缺點，才能善用優點 105
學習紅臉白臉集於一臉 108
品德高尚自然受屬下愛戴 112
大材小用是一種人才浪費 115
公平對待，才能招攬人才 119

04. 有高明的手腕，才能避免屬下造反

一位高明的領導者得兼有鐵血的作風與懷柔的手腕，這樣才能樹立領導者的權威，並得到屬下的愛戴。

妥善分配才不必親力親為 124
事不躬親才不會被瑣事所困 128
論功行賞，別論「情」行賞 132
有高明的手腕，才能避免屬下造反 135
論功行賞也要有容人的雅量 138
信任下屬是合作的基礎 142
小處謹慎是獲得成功的不二法門 145
以德服人，才能贏得人心 149
下了命令就要徹底執行 154
恕小惡換得誓死相報 158

05.

懂得溝通，才會成功

有些人總想展現自己的權威，但這種強制員工合作和尊重自己的行為，可能會引火焚身，造成很大的麻煩。

「聽話」也是一種領導技巧 164
贏得人心，必然可以成功 168
站在別人的立場溝通想法 174
人性化管理讓彼此都滿意 179
有優良的品格才是優秀的領導者 184
擁有屬下的敬重才能邁向成功 187
懂得溝通，才會成功 191
用正面的激勵達成自己的目的 194
要勇於冒險，也要勇於創新 197
正確的意見才能代表大多數人的意見 200

06.

別戴著有色眼鏡看人

過去的經歷當然要考察，但不能因過去的污點就將人才拒於門外。身為一個領導者，要有勇氣任用曾經犯過錯誤的人才。

你敢用比自己能力強的人嗎？ 206
如何塑造迷人的個性 210
提防馬屁精笑裡藏刀 213
如何打贏「乳酪戰爭」 216
如何對付愛打「小報告」的部屬 219
如何輔導小錯不斷的下屬 222
別戴著有色眼鏡看人 225
不要在上司面前表現自卑 228
如何戰勝情緒來接受別人的話 232

07. 讓部屬照亮你的人生之路

一個英明的領導者，不論什麼時候都不能忘記誠心誠意地對待你的部下，從而讓你的世界亮麗起來，因為，部屬可以照亮你的人生之路。

說話之前先動動大腦 236
正視別人渴望獲得尊重的心理 239
恭維，是化解阻力的行為 242
用正確的方式拍馬屁 245
要有吃更多「乳酪」的慾望 249
讓部屬照亮你的人生之路 252
擺出「一本正經」的道具 255
如何讓別人為自己賣命 258
透過應酬把人看得更透徹 261

08. 別在屬下的腿上拴一條繩子

信任的力量是無窮的，身為公司或單位的領導人，應充分相信和信任部屬的能力，否則，縱然自己做到累死，也難有大發展。

給人留面子就是給自己留後路　266
看穿小人的真面目　270
如何看得懂別人的行為語言？　273
別在屬下的腿上拴一條繩子　276
在適當時機使使性子　279
「趁火打劫」有什麼不好？　282
培養「順手牽羊」的能力　284
跪著走路，不會有好出路　287
如何防範身邊的小人　290

09. 職場像戰場一樣險惡

有人說職場如戰場，這是因為在職場，人與人之間充滿著高度競爭，一不小心，人際關係就會陷入險惡的境地，像作戰一樣必須拼個你死我活。

不要老是拿別人當替死鬼 294
跟對上司才會有出路 297
上班族要學會與老虎共處 301
如何讓批評恰到好處 305
不知馬性，不要亂拍馬屁 309
職場像戰場一樣險惡 313
儘量把工作讓給上司去做 315
對付小人的最高境界 318
提防小人以假亂真 321

10. 替自己虛擬一個完美的形象

你絕對可以透過肢體語言去欺瞞對方，可以通過行為塑造出自己想要的形象！只要不是存心去作姦犯科，塑造虛擬形象，其實並不是一件壞事。

愛吹牛，就讓他吹個夠 326
摸清上司的行為，才不會淪為倒楣鬼 328
寬容敵人是有利的感情投資 330
替自己虛擬一個完美的形象 333
懂得聽話會獲得超高評價 336
打一巴掌之後，記得給一顆糖 339
不要把親近當成隨便 342
如何從小人身上獲得好處 345
不要讓自己掉入緋聞的漩渦 348
跳脫緋聞的七種方法 351

11. 不要讓人覺得你在利用他

職場人際關係的經營法則是：不要讓人感到有被利用的感覺，而要讓對方覺得，他是在為朋友解難分憂。

如何面對狂妄自大的部屬 356
表現才華是你的權利 360
如何誇獎自己最恰當？ 363
找個朋友替自己搬「乳酪」 366
發飆之前不妨先忍一忍 369
不要讓人覺得你在利用他 372
理解上司患得患失的心情 375
千萬不要和小人結仇 378
別掉入挑撥離間的圈套 382

12. 要有禮賢下士的雅量

職務越高，往往和下屬的距離越遙遠。如果不趕快設法改善的話，實際上是親手斬斷了你翱翔於藍天的翅膀，親手扔掉了你划船的槳。

凡事多往好的方面想　386
你在意的是人才，還是雞蛋？　389
適時認錯，會有意想不到的效果　392
要有禮賢下士的雅量　395
找出下屬造成巨大損失的原因　398
禮物越豐富，越容易獲得別人幫助　401
感謝揭發自己缺點的人　404
錯估形勢是失敗的開始　407
別跟身邊的「母老虎」過不去　410

PART 1

觀察小習慣，就能避免大麻煩

懂得從小習慣了解一個人的內在特質，
領導者才能發掘人才、知人善任；
懂得從小地方判斷未來情勢，
領導者才能預防禍端。

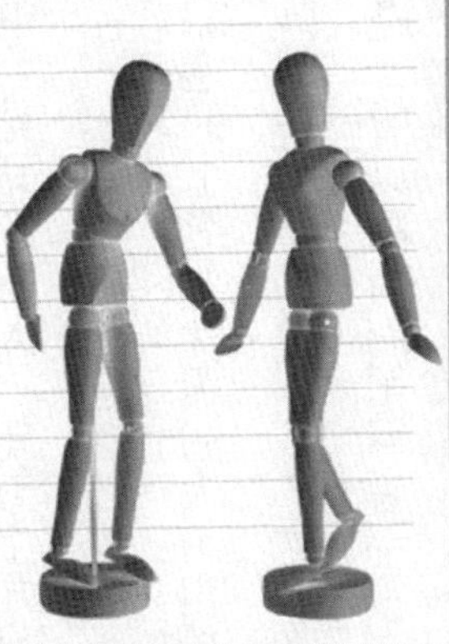

注重屬下的利益，工作才會順利

若是缺乏屬下的努力，即便領導者有再好的計劃也是空談。所以身為領導者，一定多留意屬下的態度，絕不放任屬下心生反感。

在「金字塔」型的權力結構中，很容易產生一種「只唯上，不唯下」的官僚作風，例如，我們常常在工作和生活中，見到許多人只知對上司逢迎、拍馬屁，對下屬卻頤指氣使、不可一世。

但是，我們也會發現，這種單靠逢迎上層而升遷的人，由於沒有得到下屬的支持，因此多半無法在高位待太久，真可謂是「來也匆匆，去也匆匆」。

部屬就是領導者向上攀升的基礎，所以聰明的領導者都很在意下屬的態度，懂得時時留意下屬的態度變化，並做出相應的調整。

這是一項非常明智而長期的投資，因爲若是能得到屬下的支持，下屬可以在以下幾個方面使領導者獲益。

●屬下是工作成績的真正創造者

雖然領導者可用威脅等高壓手段迫使下屬服從命令，不得不去工作，但這種方式必定會讓屬下產生反抗心理，消極地怠惰工作或抵制上司，進而降低工作效率，影響組織整體的利益。

最高明的辦法應是像日本企業那樣，讓員工心甘情願地加班、奮鬥。不過，要達到這種境界，領導者就必須時時注意和瞭解屬下的需求、情緒、態度等等，並及時調整自己的策略，如此才能最大限度地激發屬下的工作熱情、積極性和創造力，從而使部屬了解，領導工作是要使組織獲利，也使每位員工獲利。

有時，制定或施行某些計劃之前還必須聽取下屬的意見，尤其是那些在部屬當中有一定威信的屬下的意見。

如果無法得到他們的理解和支持，領導者就很難順利推展工作，而且當這項計劃最後不了了之時，領導者的威信也會受到很大的打擊，這是身爲領導者最大的失敗，也是最不願意面對的結果。

日本的企業非常注重員工對公司的態度，企業的領導者和管理人員都想盡辦法培養員工的歸屬感和對企業的忠誠，爲了照顧員工的情緒，有些企業還設立了「出氣室」，目的就是爲了幫助對領導階層不滿的員工能將怒氣發洩出來，使他們能以平衡的心態投入工作。

在「出氣室」中，設有每一個領導者的模擬人像，心懷不滿的員工可以痛毆它一頓或大罵一通，直至消氣。

由此可知，日本企業有多重視員工的情緒，也難怪日本企業能生產出第一流的產品，創造出第一流的生產效率。

●屬下可幫助領導者樹立良好形象

有句俗語說：「癢要自己抓，好要別人誇。」

領導者想塑造良好的形象，最好藉下屬之口宣傳，這會比自吹自擂有效得多，也更有說服力和眞實感。而且，下屬廣泛的人際關係網絡，還會把這些好名聲傳送到更廣泛的脈絡網中。

良好的上下級關係和形象，會爲領導者帶來意想不到的收穫；聲名遠播會使領導者受到高層的重視，從而「加速」了自己事業的發展。相反的，如果上下級關係惡化、臭名遠播，那即便領導者的「後台」再硬，終究難敵衆怒，逃不了狼狽下台的命運，當然更談不上事業的發展了。

●重視下屬可防止「後院起火」

領導者爲什麼要重視下屬的態度和情緒呢？

因爲，當屬下感到被冷落、被壓制或是心懷不滿時，就很可能倒向領導者的對手，從而使其腹背受敵，造成形勢上的不利。

俗話說，堡壘最容易從內部攻破，這是因爲只有堡壘內部的人才最知道自己防禦上的弱點，所以屬下反叛常會帶來致命的危機。例如，在《三國演義》中，張飛之死不就是因爲他對待兵卒過於粗暴嚴苛，從而激起屬下謀反嗎？每一位領導者都應牢記這個血淋淋的教訓。

雖然領導者的謀劃對政策的成敗至關重要，但要使計劃變成現實，還需屬下的努力與付出。如果領導者所創造的成績像長城般雄偉，那麼每位屬下的辛勤勞動就是一塊塊磚石，慢慢堆疊出宏偉的長城；如果說領導者是舵手，那麼屬下便是那一根根划動的槳，帶動船隻逐漸前進。

由此可知，若是缺乏屬下的努力，那即便領導者有再好的計劃也是空談。所以，身爲領導者，一定多留意屬下的態度，絕不放任屬下心生反感，否則必會對整個組織或個人的事業發展造成大問題。

不同的人用不同的激勵

要激勵屬下發揮特長的一個有效方法就是嘉獎，要想屬下為你賣命，不僅要給予他信任感，還要適當地給予獎勵。

唐宋八大家之一的蘇洵在《諫論》中舉了一個有趣的例子。有這麼三個人，一個非常勇敢，一個有點勇敢又有點膽小，一個人非常膽小；然後，他將這三個人帶到谷邊，對他們說：「能跳過這淵谷的人才勇敢，不然就是膽小。」

蘇洵說，在這種狀況下，那個非常勇敢的人以膽小爲恥，必然能跳過去，但那個有點勇敢又有點膽小和非常膽小的人卻不可能跳得過去。

之後，他又對剩下的兩個人說：「能跳過這淵谷的，就給他一千兩黃金，跳不過的就不給。」

蘇洵說，那個有點勇敢又有點膽小的人爲了贏得獎金，必然能鼓起勇氣，跳過淵谷，但那個非常膽小的人還是跳不過去。

蘇洵說，如果這時突然來了一隻猛虎，兇猛地撲了過來，那麼，就不用再提供任何獎賞，那個非常膽小的人一定能跳過淵谷逃命去。

從這個例子可以看到，想要求三個人去做同一件事，就需要用三種不同的方式來激勵他們，如果只用同一種方式，顯然是不能使三個人都動心的。用人也是如此，對待不同的下屬就要採取不同的態度和方法。

下屬最主要的心理需求是得到領導者的肯定和信任，如果領導者能看重自己，下屬就會有一種被信任、被肯定的滿足感，並感念你的知遇之恩，定當竭盡全力爲你賣命，會更積極、更主動地投入工作之中。但得不到領導者信任的屬下，因爲無法從工作中得到肯定，往往會鬧情緒、渾水摸魚，有時甚至會跟領導者唱反調。

我們經常聽到，有人會開玩笑地說：「我最怕被上司信任了，因爲他一旦信任我，我就得爲他賣命了。」

但事實上，這話中流露的不是恐懼，而是一種被承認的快樂與自豪。

由此可知，信任不僅可以成爲下屬積極工作的動力，還可以讓下屬覺得你是可親可敬的，使你們之間的關係更融洽。所以，要激勵屬下發揮特長的一個有效方法就是嘉獎，要想屬下爲你賣命，你不僅要給予他信任感，還要適當地給予獎勵。

即使屬下只是完成一件小事，也要表示感謝和嘉獎，這樣會讓下屬更有成就感，更願意跟著你做事。相反的，如果屬下有所表現，你卻不給予獎勵，那他之後做事時，原本的主動性就會大打折扣，因爲他會想，即便達成了，還是得不到上司的肯定和嘉獎，那也就沒有什麼好努力的了。

不論是物質上的獎勵或是口頭上的表揚，都會使下屬產生很大的工作熱情，尤其是當著衆人的面表揚下屬，效果會更加強烈。

當著衆多同事的面表揚某位下屬，會給他很大的滿足感，同時也會讓他覺得，如果自己之後沒有更加努力就辜負了上司的信任與重視，同時也怕同事們以爲自己驕傲了起來，所以在這種情況下，他就會更加拚命工作。

疼惜下屬，下屬才會為你賣命

身為領導者，一舉一動都會影響屬下的士氣與工作情緒，所以更應是個有德行的人，這樣才能使屬下心服口服，心甘情願地接受領導。

領導者必須要是個能爲屬下著想的人，如果領導者僅有能力卻沒有德行，那他的成功必定無法長久，所策劃的工作也很難得到屬下的支持。

領導者應具備的德行大致上包含了以下幾種：不要斤斤計較個人得失，大事講原則、小事講風格，求大同、存小異，互諒互讓；要能認眞聽取和善於採納各種不同的意見，絕不能因部屬與自己的看法不同，就排斥或否定不同的聲音；要不徇私情，不計較個人恩怨，不依個人好惡判斷部屬；要能原諒部屬的過錯，並眞心幫助他們改正錯誤；要寬宏大量、寬厚容人，絕對不可落井下石、幸災樂禍……等等。

簡而言之，領導者就是要處處爲屬下著想、要以大局爲重，例如戰國時代的名將吳起，就是個不錯的典範。

吳起是中國歷史上的一位名將，不過他除了驍勇善戰以外，最爲衆人欽佩的是，他總與士兵同甘共苦，例如他總是和下級士兵穿一樣的衣服，吃一樣的食物，睡覺時不鋪席，行軍時不乘車，並會主動分擔士兵的苦惱。

有一次，一位士兵在陣前因爲生了腫瘤而痛苦不堪，吳起見狀毫不猶豫地用口將腫瘤內的膿汁吸出，那位士兵和在場的人都感動不已。但後來，那位士兵的母親聽到這個消息後，卻放聲痛哭。

旁邊的人覺得很奇怪，就問她：「妳的兒子只不過是一個小小的士兵，卻蒙吳將軍親自將他身上的膿吸出來，妳應該高興才對啊，爲什麼反而那麼傷心呢？」

只見那位母親回答：「先夫早年也曾蒙吳將軍不棄，吸取他腫瘤裡的膿，從此他追隨吳將軍四處征戰，以此報答吳將軍的大恩，最後終於死在戰場上。如今，吳將軍又爲我兒子吸出膿汁，這不是說明我兒子將步上他父親的後塵，爲吳將軍賣命嗎？這教我怎能不傷心呢？」

由此可見，吳起的行爲會對士兵產生多大的影響力。同理，如果一位領導人能與屬下同甘苦，處處爲屬下著想，那還怕屬下不忠誠、不賣命嗎？

古人曾說：「卑讓，德之甚。」所謂卑讓，是壓低自己的地位去屈就對方，這便是「德」的根本。劉備本身所具備的德就是這種卑讓的態度。

在《三國演義》中，劉備的德性極佳，與曹操完全相反，不過，若從個人能力觀察，劉備只是個泛泛之輩，既然如此，曹操爲什麼會將能力遠不如自己的劉備視爲最強的對手，說「天下英雄唯使君與操爾」呢？

根本原因在於劉備擁有一項足以彌補個人能力不足的秘密武器，這個武器正是他所具備的「德」性。

譬如在「三顧茅廬」這個故事中，劉備爲了請諸葛亮出山幫助他，不惜三次親自到諸葛亮的茅屋去拜訪他，便是將卑讓的德性發揮得淋漓盡致。

事實上，兩人當時的地位相差懸殊，劉備雖然在爭霸的過程中不太順利，但依舊頗有名望，況且他當時已年近五十歲，孔明卻只是個二十多歲的青年。然而，劉備仍舊以最崇敬的態度請孔明當他的軍師，並在孔明應允後，又馬上將全部作戰計劃等國家大事都委任給他，這種信任與大度，正是孔明願意爲他「鞠躬盡瘁，死而後已」的原因。

在現今這個崇尚功利主義的社會中，一般人多半重視能力有多強、能帶來多少利益，卻忽略了德性的重要性，其實，「德」才是一個人的根本。

尤其是身爲領導者，一舉一動都會影響屬下的士氣與工作情緒，所以更應是個有德行的人，這樣才能使屬下心服口服，心甘情願地接受領導。

偶爾裝糊塗，才會有前途

與客戶應對之時，表現得鋒芒畢露、事事計較，一定會令人反感，所以不如糊塗一點，人際關係就能融洽一點，也能帶來更大的利益。

一個卓越的領導者，懂得更圓融的應對方式，不會一味強調自己的立場，而會避開雙方相持不下的情況，爲自己找到了絕佳的出口。

應對進退之時，懂得以巧妙的迂迴戰術避實就虛，把對方變爲自己的助力，正是聰明人獲得勝利的重要關鍵。

鄭板橋的「難得糊塗」四字一直被某些領導人視爲座右銘。在這四個字中，板橋先生表達的是一種對時政的憤恨、不滿，頗有無可奈何的心態；但在社交圈中，「難得糊塗」卻有極實用的價值。

人在人際交往中的心態是很複雜的，幾乎人人都希望能在某方面超越別人，令對方刮目相看，不希望比別人低三分。因此，領導者在與客戶交往時，如果不「糊塗」一點，那在言談舉止中就很容易觸怒對方，惹對方生氣，甚至引出不必要的麻煩。以下就是幾個「糊塗」的重點：

•「忘記」自己

對自己的才能與成就「念念不忘」，總是將成就掛在嘴邊，老是說些「我曾經……」、「我已經……」、「我是……」的人，容易使對方心生反感。特別是對熟識的顧客這樣說，對方就會認爲你太愛炫耀自己，總是故意顯出高人一等，容易因此招來對方的忌恨，甚至會故意刁難你。

所以，在與人交往的過程中，領導者應該要能「忘記」自己。

「忘記」自己是一種優點，是謙遜的表現。對自己隻字不提，就表明沒有必要談論自己，並希望靠自己的所作所為來使對方了解自己的長處。

這種行爲會備受讚揚，一方面由於自己的成就而受到讚揚，另一方面則由於自己的謙遜受到讚揚。

●「忘記」別人

人人都有一些敏感的「禁忌」，因此當碰到「禁區」時，都要糊塗一點，該忘記的就要忘記，不要在無意中刺痛對方敏感的神經。

譬如，如果你曾幫助過某人，那別在他面前提起此事，不然，他會產生「你是不是要我報恩」的想法，心中必然不快。

如果你知道對方在工作中或生活上犯過錯，那麼更要裝糊塗，不要主動去問他這件事，這只會讓他覺得你是在揭他瘡疤，即便你是出於關心，他也無法感受你的好意；如果你已知道對方遭遇不幸，也不要故意出於同情的原因去安慰他，說不定他認爲你是幸災樂禍。

●當別人「欠」你時

別人「欠」你錢、情、理……時，你雖然可以理直氣壯地索求，但這樣往往會破壞彼此間的關係，倒不如糊塗一些，反而能爲你帶來好處。

例如，別人欠你的錢財，催還時要鄭重其事，而不要欲說還休、吞吞吐吐，讓人覺得你天天把一點小事記掛在心上。

別人欠你情時，你越顯得「若無其事」，別人的感念程度就越深，其效果會越超出你所付出的價值。別人錯怪你，輸了理時，你當沒這回事似的，別人的心裡就會更加愧疚，必當尋機彌補才心安。

事事精明不見得能爲你帶來好處，有時不妨「糊塗」點，反而對你更有幫助。尤其是在與客戶應對之時，表現得鋒芒畢露、事事計較，一定會令人反感，所以不如糊塗一點，人際關係就能融洽一點，也能爲帶來更大的利益。

尊重小人物，會有大幫助

若是你自恃地位高，不尊重那些小人物，等於就為自己樹立了敵人；相反的，若是你懂得尊重他們，也等於為自己帶來朋友了。

作爲一個領導或決策者，會做事與會用人是事業成功的必要基礎。領導者事業上的成功，除了靠大人物提拔，更必須依靠廣大「小人物」的支持和共同努力才能辦到。所謂的「小人物」，指的就是無職無權的一般部屬，要想成功，就要先打好你的領導基礎。

從古至今，任何有所作爲的領導人都深深了解尊重群衆的重要性。唐代名臣魏徵，就把君民關係比喻爲船和水的關係，強調「水能載舟，亦能覆舟」；維吾爾的諺語也說：「離開群眾的人，就像落地的樹葉。」

在尊重「小人物」方面，而春秋戰國時代的魏國公子信陵君魏無忌更是個好例子。《史記魏公子列傳》中說，魏無忌爲人仁厚，又能禮賢下士，凡是士人，不論才能高低，都能謙虛地以禮相待，不因爲自己富貴就怠慢他人，所以各地的士人都爭相前往歸附，因而他的食客共有三千人之多。在那時，各個諸侯國因爲魏無忌賢能、門客又多，所以十多年都不敢侵犯魏國。

當時，魏國有個隱士名叫侯嬴，已經七十多歲了，因爲家裡很窮，只好去做夷門的守門人。魏無忌聽說後，就前去問候，要贈送他豐厚的財物，但侯嬴不肯接受；因而魏無忌就改擺酒席，大宴賓客。

當客人坐定之後，魏無忌帶著禮物，空著車子左邊的座位，親自去夷門迎接侯嬴。侯嬴整了整破舊的衣帽，登上車並毫不謙讓地坐在上首，想藉此來觀察魏無忌，不過魏無忌反而更加恭敬。

之後，侯嬴又故意對魏無忌說：「我有個朋友住在街上的屠宰坊裡，希望您能順便帶我去拜訪他。」

魏無忌不以爲意，隨即駕著車子來到市場。侯嬴下車去會見朋友，故意花了很多時間與朋友談話，並暗中觀察魏無忌；但魏無忌的臉色更加溫和，即便市場上的人都看著這個場面，他仍然保持恭敬有禮的態度，沒有一絲不耐煩。

這時候，魏國的將相、王族、賓客都已到齊，等候魏無忌舉杯祝酒，因此隨從人員都暗地裡罵侯嬴。

侯嬴看到魏無忌的臉色始終不變，才辭別朋友，登上車子。來到魏無忌家後，魏無忌領著侯嬴坐在上位，並為他一一介紹賓客；到了飲酒正酣時，魏無忌起立，來到侯嬴面前向他敬酒祝福。

這時，侯嬴才對魏無忌說：「我只是個守門人，但公子卻親自駕著馬車去迎接我；我本不應該去拜訪朋友，卻委屈公子跑了一趟。然而，我侯嬴想要成就公子的美名，故意讓公子的馬車久久停在市場上，藉此觀察公子，但公子卻更加恭敬。市民大都把我看作小人物，而認為公子是有德行的人，能謙恭地對待士人啊！」

此後，侯嬴成了魏無忌的上賓，並為魏無忌的事業做出許多貢獻。

魏無忌之所以對許多別人看不進眼裡的「小人物」如此恭敬，原因就在於他了解「小人物」中蘊藏的巨大潛能，而且只要能妥善掌握這股能力，就能借助這種力量去達到自己的目的。

同理，一個領導人也該如此。要知道，人是最複雜的動物，想要成爲卓越的領導人，就應盡力去瞭解你的下屬中潛藏著哪些人物，各有哪些才能、特長，有什麼樣的家庭背景、社會關係。

此外，也要瞭解他們的同學、朋友都是些什麼人，他們的同學、朋友又有些什麼樣的家庭背景和社會關係。不要忽視「小人物」，在他們身上的投資，可能會帶給你意想不到的連鎖反應。

相反的，如果你只是因爲一點私事而心情不好，但卻把這種不良情緒帶到了工作環境中，並且不加遏制地遷怒於下屬，讓這些微不足道的「小人物」成爲「出氣筒」、「受氣包」，那麼你就可能遭到反噬。

當然，大多數屬下只能忍氣吞聲，不過一旦你得罪的對象是個有個性且自尊心很強的人，他就會在某天，乘你不備之時重創你。

也許，這個人有非同一般的家庭背景，他的家族中有人可以決定你的升遷，但你卻無端對他發火，那豈不是自己葬送了機會和前程？也許這個人頗有才華，幾年以後，會處於和你同級，甚至高於你的位置，這樣一來，豈不等於爲自己樹立了一個未來的敵人嗎？

這個世界是不斷變化的，沒有一成不變的事情，「小人物」也不會永遠當「小角色」，或許有一天也會變成「大人物」。

從這個角度來看，若是你現在自恃地位高，不尊重那些小人物，等於就爲自己樹立了一個個強大的敵人。

相反的，若是你懂得尊重他們，也等於爲自己帶來朋友，也許某天當你窮途末路、走投無路時，幫助你的正是這些「小人物」喔！

容貌美醜不代表才能高低

領導者識人不應以相貌為標準，這樣才能真正識別出屬下是否有真才實料，是否是真正德才兼備的有用之才。

以貌取人是人類社會普遍存在的一大通病，這一點，早在春秋時期的孔子就有所認識：「不有祝鮀之佞，不有宋朝之美，難乎免於今之世矣。」祝鮀是衛國大夫，因能言善道而受到衛靈公重用；宋朝是宋國貴族，因長得漂亮受到衛靈公及夫人南子的寵愛。對於這種現象，孔子認爲，要是一個人僅僅憑著能言善道或長相漂亮就得到君主的重用，那這個時代必有問題了。

荀子對這個問題也有相同看法，在《非相》篇中，批判了唯心主義的識人術，指出以貌取人的荒謬。他說：「看一個人的外貌、體態，不如研究他的思想。」

荀子明確指出身材的高矮胖瘦、相貌的美醜，都不能決定一個人思想的好壞和能力的高低。他又舉例說，衛靈公有個臣子名叫公孫呂，身長七尺，面長三尺，臉寬三寸，模樣非常古怪，然而卻「名動天下」；而楚國宰相孫叔敖的頭髮短又稀少，左手長、右手短，身材非常矮小，但仍「而以楚霸」。

另外，「葉公子高，微小短脊，行若將不勝其衣然」，但卻平定了白公勝之亂，「定楚國，如反手爾，仁義功名著於後世」。

除此之外，徐偃王的眼睛能看到自己的額頭，孔子披頭散髮，形象也很不雅觀；周公的身材如枯樹幹一樣，皋陶臉色青綠，像削去皮的瓜；文王的大臣閎夭滿臉鬍鬚，以至看不見臉面，而且還駝背；伊尹沒有眉毛、鬍子，大禹、商湯都瘸著腿走路，堯、舜眼裡有兩個瞳孔。評判他們，應該是論品德、比學問呢？還是比高矮、分美醜呢？

長得體面的當然也有，比如夏朝和商朝的兩個暴君夏桀和商紂「長巨姣美，天下之傑也；筋力越勁，百人之敵也。然而身死國亡，為天下大僇，後世言惡，則必稽焉」。後人論起亡國之君，必會想起他們。

他們會遭到這樣的下場，顯然不是由於容貌不美造成的，而是由於他們才疏學淺、思想卑下、不懂選賢任能所致。由此可見，一個人有沒有才能與他的相貌無關，所以古語說得好：「人不可貌相，海水不可斗量。」

印度詩人泰戈爾曾經這麼說：「你可以從外表的美來評論一朵花或一隻蝴蝶，但不能以此來評論一個人。」

領導者的識人學主張勿以貌取人，是因爲以相貌取人容易識錯人、用錯人。事實上，其貌不揚的人當中有不少有才學的人，相貌出衆的人當中也有不少平庸之輩，人的才能與人的相貌之間根本沒有必然的關係。

所以，領導者識人不應以相貌爲標準，這樣才能眞正識別出屬下是否有眞才實學，是否是眞正德才兼備的有用之才。

觀察小習慣，就能避免大麻煩

懂得從小習慣了解一個人的內在特質，領導者才能發掘人才、知人善任；懂得從小地方判斷未來情勢，領導者才能預防禍端。

道德修養是從微小之處逐漸鍛鍊形成的，各種禍患也是從微小的事物逐漸發展釀成的。禍與福在剛剛萌芽的時候，都是微小而不易察覺的，不過身爲領導者就要能以小見大、從微小處識人，這樣才能了解一個人的本質，並事先預防禍患的產生。

人與人交往過程中，往往只看到近利而不去考慮未來，這樣因小失大不就是將自己置入危險之中嗎？

漢代，大將軍竇憲娶妻，國內各官員都去祝賀，因此漢中太守也想派人去，但部下李命勸道：「竇氏恣意橫行，他的危亡立即可見，您不交往也罷。」

可是，太守仍害怕不祝賀會招來禍患，因此李命便請命讓自己充當使者。他在路上故意拖延時間，結果還沒趕到便得知竇憲被誅殺的消息。由此可見，從小識大、從已知識未知，可說是行事甚至保命的第一要訣。

在美國，有個有遠見的婦女做了件聰明的事情。某天，這位婦女突然取出自己在某銀行存了多年的所有存款，結果幾天之後，那家銀行就倒閉了，很多人都十分納悶她到底是怎樣預料到的。

後來，這位婦女說，在不久前的一次聚會上，她見到這家銀行的總經理。她發現這位老闆的服飾非常講究，連指甲都經過高級美容店精心修整過，所以，她立即感到自己的存款有化爲烏有的危險，因爲一個事業心很強的男人是不會花費這麼多精力和錢財來修飾自己的。

由這個例子可知，從小處識人有多麼重要。

一個人的性格特點及一個人的本性，往往會透過自身的一些小習慣、言談舉止、表情等流露出來。

例如，那些快言快語、舉止敏捷、眼神鋒利、情緒易衝動的人，往往是性情急躁的人；那些直率熱情、活潑好動、反應迅速、喜歡交往的人，往往是性格開朗的人；那些表情細膩、眼神穩定、說話慢條斯理、舉止注意分寸的人，往往是性格穩重的人；那些口出狂言、自吹自擂、好爲人師的人，往往是驕傲自負的人；那些懂禮貌、講信義、實事求是、心平氣和、尊重別人的人，往往是謙虛謹慎的人。對於這些不同性格的人，一定要能具體分析，區別對待。

不過，僅是注意到一些小習慣是不夠的，領導者在識人時，還要能不爲表象迷惑，應仔細辨別外在表象與內在實質間的落差。

以下便是從小處識人的幾個要則：

一、輕易承諾他人要求的人，看起來似乎很爽快，其實往往不能實現自己的諾言，會是一個不守信用的人。

二、對什麼事都認為很簡單的人，表面上看起來似乎很能幹，但真正在做事時，卻沒辦法辦到。

三、前進快速的人，看起來非常迅猛；其實來得快，退得也快，就像孟子所說的「其進銳者，其退速」，這種人做事時通常不能堅持到底。

四、處理事情習慣大聲吆喝的人，看起來似乎明察秋毫，其實那只是虛張聲勢，做事時反而會越弄越糟。

五、表面上對你唯唯諾諾的人，看來似乎忠誠可靠，但這種人反而會趁你不備時，從背後捅你一刀，這種人才是最可怕的。

懂得從小習慣了解一個人的內在特質，領導者才能發掘人才、知人善任；懂得從小地方、小事情判斷未來情勢，領導者才能防微杜漸、預防禍端。

所以，以小知大可說是領導者最需要培養的功夫，只有如此，領導者才能順利地推展他的事業與計劃。

由小見大是舉用人才的好方法

待人接物看似事小，卻能反映出一個人的品行道德，也為領導者提供了一個觀察人的好方法。

某位君主有一次對他的近臣說：「某個臣子對妻子十分冷淡，這實在很不應該。假使夫婦之間感情不和睦，並且有足夠的理由離婚，那他大可名正言順地和妻子離婚，否則就應該互敬互愛、白頭偕老，不但要同甘，更要能共苦。像這樣連對自己妻子都非常冷淡的人，對待別人更是可想而知，這種人絕對不可靠。」

這就是這位君主從某個臣子對待妻子的態度，推測他的本性和可能的處世態度，所使用的就是比較觀察法。

此外，在《韓非子》一書中，也收錄了極多類似的觀察法實例。像晉國重臣文子，有一次因爲被某案牽連，於是匆忙逃命，在慌亂中逃到京師外的一個小鎮。這時，跟隨他逃亡的侍從說：「管理此鎭的官吏，曾出入大人的府邸，可視作親信，不如我們先到他家稍稍休息，等行李送到後再趕路好嗎？」

「不可，此人不可信賴。」

「爲什麼呢？他曾追隨過大人啊！」

文子分析說：「唔！此人知道我喜好音樂，即贈我名琴；知道我喜好珍寶，即贈我玉石，像這種不用忠告而以寶物博取我歡心的人，如果我前去投靠他，必定會被他抓去獻給君王，以博取君主的歡心。」

因此，文子不敢稍作停留，連行李都來不及帶走，就連忙繼續趕路。文子的看法果然不錯，後來此官把文子的兩車行李攔截下來，獻給君王邀功。

《韓非子》中還有一個例子說，從前一個名叫魯丹的游士周遊到中山國，想把自己的策略獻給君王，可惜投遞無門。於是，魯丹贈予君王親信的幕僚大批金銀珠寶，請他代爲引見。這辦法立即生效，魯丹很快就獲得中山王召見，這個幕僚並在謁見君主之前，先以山珍海味款待他。

在筵席間，魯丹不知想起什麼，忽然放下筷子退出宮殿，而且也不回旅舍取行李，立即離開中山國。

魯丹的僕人很驚訝地問他：「他們如此厚待您，您為何離開呢？」

魯丹回答：「這位君主容易被他的親信左右，自己沒有一點主見。所以假若日後有人毀謗我，君主必定會懲罰我，因此還不如早些離去。」

不久，魏國將軍樂羊率兵攻打中山國。當時，樂羊之子正好在中山國內，於是中山國王將樂羊之子殺死，並做成肉湯，送到圍在城外的樂羊陣營中，豈知樂羊竟面不改色地將肉湯喝光。

魏王聽到這個消息後，感動地說：「樂羊竟為我吃下自己兒子的肉！」

可是，他身旁的大臣卻以責備的口吻說道：「連自己兒子的肉都敢吃的人，必定敢吃任何人的肉。」

魏王一聽才醒悟過來。後來樂羊打敗中山國凱旋而歸，魏王雖然有犒賞他，但從此不再重用他。

另外一個例子是，魯國重臣孟孫在打獵時捉到一隻小鹿，命家臣秦西巴用車子把小鹿截回，在回去的途中，有一隻母鹿一直跟在車後哀鳴。秦西巴覺得母鹿十分可憐，就把小鹿放了。

待孟孫返回家中知道緣由後，極爲生氣，於是把秦西巴幽禁起來，但是，三個月之後，孟孫不但赦免了秦西巴的罪，還任命他擔任輔佐自己兒子的任務。

見到這情景，孟孫的近侍驚訝地問：「前些時候，您剛剛處罰了他，如今卻又委以重任，這是爲什麼呢？」

孟孫回答說：「他連小鹿都不忍捉回，足見他的宅心仁厚，所以他對待我兒子也一定會很仁慈，我不必擔心他會做出謀害的舉動。」

以上這些例子，都是觀察對方在待人接物時的表現，再通過比較，進而得知他的品行。由此可見，待人接物看似事小，卻能反映出一個人的道德品行，這既爲領導者提供了一個觀察人的好方法，同時也告誡每個人：你在不經意時所做的某一件小事，也許已經被一旁的有心人記在心裡了。所以，我們做任何一件事時，都要小心謹慎，才不會讓一件小事影響了他人對我們的評判。

熟悉屬下才能知人善任

在現今企業中，領導者必須常和每位屬員接觸，必須熟悉每個人的優缺點和性情，唯有如此，才能識別人才、拔擢人才。

想要做到知人善用，摸清部屬的習性和才能是相當重要的。

但是，人的個性與才華都有顯性與隱性的成分，有時並不是那麼好掌握，因此必須透過各種方式進行評估。

有的人平時表現出的性情與能力，是經由環境壓抑或是下意識刻意包裝的，因此，想要成爲一個優秀的領導者，就必須透過旁敲側擊與審慎的深入觀察，了解他們最眞實的內在，並且將他們安置在最恰當的地方。

曾國藩是中國清代歷史上，相當具有影響力的人物之一。

在官場上，他對後清王朝的腐敗衰落瞭若指掌，提出「行政之要，首在得人」；認爲在國家危急之時，需用才德兼備的人以倡正氣之風、行禮治之政。

在戰場上，他將選用將領視爲最重要的事，並提出選將的四點標準：「一曰知人善任，二曰善觀敵情，三曰臨陣膽識，四曰營務整齊。」

由此可見，曾國藩相當重視人才，更深明選拔人才、培養人才的重要性。

曾國藩在給皇上的《應詔陳言疏》中提出了一套人才培養、選拔方法，下面略加介紹，相信對當今注重人才的企業家和領導者們會大有幫助。

曾國藩說：「將來朝中的卿相、京外的督撫，多半是由內閣、六部、翰林院這些人才最爲集中的部門內加以選拔。只是，那裡的人共有數千之多，皇上不可能一一瞭解；因此，培養、選拔人才的職權，不得不交給各部門的長官。」

「所謂培養人才方法的內容，大致有幾個方面：教誨、鑑別、舉薦，以及破格提拔。培養、選拔人才就好比種田一樣，部門長官的教誨，就如同耕種培土；鑑別就如同剔除雜草，舉薦就如同引水灌溉；至於皇上的破格提拔，就如同及時的雨露，會使稻苗迅速成長。」

「所以，長官如果經常到官署去，就如同農夫天天在田間工作，才能熟悉農作物的生長。只是，如今各部門的長官大都是在宮內做事的人，有時會數個月都無法到官署去，與屬員不常接觸，除了掌印、主簿幾人之外，底下大部分的人員都不認識，這就如同將稻苗和雜草一起種在田間，但農夫卻不管不問。」

曾國藩又指出：「近年來，各部的人員越來越多，因此有的二十年還不能升等，有的終身不能當主簿；而現今內閣、翰林院的人數也相當於以前的三倍，這些人往往過了十年還無法升等。這種情況本就使傑出人才受到摧殘和挫折了，況且各部門的長官又多在宮內，屬員終年難得一見。因此當署員的，只有在遞文件給長官簽名時匆匆見一面，向長官彙報時說個幾句話，那即使屬員才德兼備，也不會被長官發現，又怎能被提拔、任用呢？」

「因此，請皇上考慮：各部門的長官中，也要有不在宮內任職的，讓長官能常和各屬員接觸，務使長官深入了解每位屬員的性情、心術。而且，皇上要不時詢問誰有才、誰正直、誰僅有小智、誰堪當大任，這樣一來，不僅是屬員的優劣會被發掘，就連長官的能力高低也可以通過比較發現。」

曾國藩強調：「透過這種辦法，所有人才就都掌握在皇上手中了；然後再依照舊例，依次實行舉薦法和鑑別法，再加上偶有的破格提拔，那就能善用所有人才，這對國家將是一大助益。」

曾國藩提出這種人才培養、選拔法的背景雖是在清朝，但是其中提倡的觀念即便到今日還相當實用。

在這個辦法中，曾國藩最重視的是長官必須常和每位屬員接觸、必須熟悉每個人的優缺點和性情，唯有如此，才能知人善任。

同理，在現今企業中，領導者也要常接近屬下，更要深入了解每位屬下，如此才能識別人才、拔擢人才。

PART 2

用人唯才，才能吸引人才

領導者要能拋棄個人成見，
客觀地對他人做出評價，
即使情感上不喜歡，
也決不以私害公、以私誤公，
而應看中對方的能力加以重用。

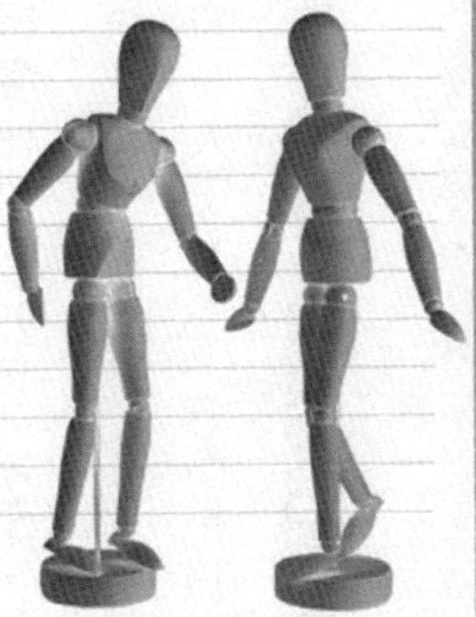

為人才創造一個良好的環境

有好的環境和條件，才能培養出好的人才，才能使人才脫穎而出，領導者如果想獲得人才，就要為人才創造出盡情發揮才能的環境。

一個卓越的領導者，必然懂得領導統御的管理謀略，既能知人善用的人，而且也能創造良好的工作環境，讓下屬盡情發揮自己的特殊才華，如此才能善用他們替自己完成心中的計劃。

尊重知識、尊重人才是當今社會的一大主流，一方面是爲了深化全社會的文化教育，另一方面也爲人才提供一個施展抱負的良好環境。只要是人才，只要有才識，在各行各業中就應受到重視與尊重。

如此長久下來，有道德、有見識的人就能擔任領導工作，有才能、有經驗的人就能管理各行各業。

人才得到了充分的發揮後，社會就能發展、進步，物質財富和精神財富就會豐富，更能創造出幸福、祥和的生活環境。

人才要脫穎而出得靠機遇、靠條件、靠環境，就像清朝詩人魏源所說：「龍和虎逞威之時，能教天昏地暗，但若沒有雲和風的幫助，也是一籌莫展。」

這個比喻說明人才要能成長和有所作爲，就得要有必要的條件和環境，所以唐朝陳子昂曾感歎歷代社會不是沒有人才，而是人才難得機遇。

《紅樓夢》中的探春也是如此。她在大觀園中是唯一具備管理能力的女性，也是行將沒落的豪門中的一個改革者，然而在腐朽的封建家庭裡、在男尊女卑的傳統觀念桎梏下，她無法一展才華和抱負，最後還是擺脫不了封建婚姻的悲劇下場。

還有，齊奧爾科夫斯基在一個偏僻的中學裡做研究，由於沒有資料，一生中的創造大多重複了前人的發明，但如果他有機會進劍橋大學的卡文迪許實驗室，憑他的才幹是可以獲得諾貝爾獎的。

相反的，著名化學家羅曼諾索夫出生在俄國的一個小島上，那裡沒有學校，書也只有《聖經》，所以到十歲時，還只能學到很少的知識；他正是後來有機會到莫斯科求學，才成了著名的科學家。

由此可見，環境對一個人才有多大的影響。因此，在現代社會中，一個優秀的領導者要想發現和獲得更多人才，就應該排除各種妨礙人才發揮的障礙，創造讓人才脫穎而出的良好環境。

以下就是幾個塑造良好環境的好辦法。

●為人才成長創造一個良好的輿論環境

唐朝文學家韓愈在《原毀》一文中指出：「事修而謗興，德高而毀來。」常言也說：「木秀於林，風必摧之；土壘於岸，浪必激之。」

當某人能力低且不出名時，大家便易與他相安無事；但若某人能力強而鋒芒畢露時，馬上就會有人出來攻擊他，這已經是古今中外見怪不怪的現象。

以中國歷史而言，就不斷發生屈原遭貶、西漢賈誼抑鬱而亡之類悲劇。

更由於這種原因，古代不少英雄豪傑便不得不行「韜晦」之計，本來頗具雄才大略，卻不敢發揮。

西方社會也不遑多讓，美國著名作家馬克．吐溫就曾寫過一篇名為《競選州長》的諷刺小說，書中主角一提出要出馬競選州長後，便立即遭到政敵們明槍暗箭的攻擊，一時之間成為衆矢之的，弄得他有口難辯，只好聲明退出競選。

所以要避免以上情況，領導者就必須創造一個良好的輿論環境，讓人才能夠盡情發揮，別讓心存嫉妒的人妨礙了人才的成長。若是如此，人才就不必行「韜晦」之計，自能盡力貢獻所長，努力為組織謀取利益。

●創造一個機會均等的社會環境

歷史上一些開明的君主都十分注意創造機會均等的環境，讓更多人才能夠發揮才華。例如，唐朝女皇武則天為了克服科舉上以門第、親戚、私人關係和請人代筆的作弊現象，立志改革科舉，並下令所有考生答完試題後，一律將試卷上的名字黏起來，以防徇私舞弊。

武則天創造的「糊名考試」，就是讓有才華的人能有一個平等競爭的機會。

人才只有在競爭中才能充分發揮學識和才華，不過要進行競爭，就要有一個機會均等的社會環境，方能讓人才在公平、平等的環境中，通過考試、選拔等各種方法實現自己的才能。

沒有適當的競爭，就沒有人才優質化；沒有公平的競爭，人才也難以脫穎而出。因此，領導者努力創造一個機會均等、公平競爭的工作環境，就是促進人才快速成長的重要關鍵。

有好的環境和條件，才能培養出好的人才，才能使人才脫穎而出，所以領導者如果想獲得人才，就要為人才創造出能讓他們盡情發揮才能的環境，若是無法做到此點，人才當然會被埋沒，這對每個企業領導人而言都將會是一大損傷。

沒有私心，才有良心

擁有率直心胸的員工會是企業的良心，更是領導者的好夥伴，因為他們直言不諱、擇善固執，所以領導者才能導正企業前進的方向。

一旦企業中人人都有率直的心胸，企業將變得更有活力，正常且理性。

率直的心胸是要沒有私心、天眞且不受主觀、物慾所支配。有了率直的心胸，才能看清事物的面貌，並找出應對世事的方法；有了率直的心胸，就可以明辨是非，看清正確與謬誤間的分界，找到自己應走的道路。

率直的心胸可將人才的聰明才智導向正軌，以光明磊落的態度處理事物，認清事物的眞貌，並以堅定的信心，採取正確的行動，擁有擇善固執的良好品德。這樣的人不論身處何種環境，都能依循心中的原則，做自己認爲「對」的事。

例如，二十二歲的李寧在護校畢業後，不到半年就被分配到一間軍醫院，那裡的外科張主任看中了李寧，想留下她。

李寧聰敏能幹，外科張主任十分欣賞她，但李寧有個「弱點」，就是只要自己認爲是正確的，就會堅持到底，直到對方讓步爲止。因此，外科部的人對她褒貶不一，有的說她固執得可愛，有的說她驕傲得可惡，不過張主任正好喜歡她這種該說「不」時勇於說「不」的良好品格，並常常說她是個人才。

這位張主任其實是個很難伺候的主任，平時大多沈默寡言，而且爲人固執，不過他對事業相當認眞執著。有一次，張主任親自主刀搶救一位腹腔受傷的重傷病患，一旁的護士正好是李寧。

這場複雜又艱苦的手術從中午進行到黃昏，最後手術順利成功；只是當張主任宣佈縫合時，李寧突然出人意料地說：「等等，還少一塊紗布。」

張主任問：「一共有多少塊紗布？」

李寧說：「應該有十六塊。」

「那現在有多少？」張主任問。

「十五塊。」李寧回答。

「妳記錯了！」張主任肯定地說：「紗布我都已經取出來了。而且手術已經進行了那麼久，要立即縫合。」

「不，不行！」李寧突然提高嗓門，堅定地說：「我記得清清楚楚，手術中我們共用了十六塊紗布。」

聽到李寧這麼說，張主任這位資深的外科醫師似乎生氣了，果斷地說：「聽我的，立刻縫合，以後有事我負責！」

但李寧還是堅持：「您是主治醫師，您不能這麼做啊！主任，我們是救死扶傷的醫生護士，而這名病患是爲了國家而英勇負傷的，千萬不能草率啊！」她依舊堅決阻止縫合，要求重新檢查。

沒想到聽完李寧這麼說，張主任的臉上竟露出欣慰的笑容。他點點頭，接著欣然地鬆開一隻手，向所有人說：「這塊紗布在我手裡。李寧，妳是一位合格的護士，夠格當我的助手。」

原來張主任是刻意考驗李寧，看她是否眞能擇善固執。

擁有率直心胸的人在做事時，不會考慮到太多人情世故，雖然這點會讓人覺得有些難相處，但正因爲不在意別人的想法、不被成見和種種顧慮所囿，所以反而更能看清世事的眞實面貌。

在人際關係中，若是有這樣的朋友等於擁有了一面明鏡，讓你能夠隨時了解自己的缺失，更能及時改善；在企業中，這樣的員工會是企業的良心，更是領導者的好夥伴。因爲，他們能直言不諱，能夠擇善固執，所以領導者才能隨時修正計劃，才能導正企業前進的方向。

這樣的人不論身處何種組織中，都是値得被重用、被珍惜的人才。

用人唯才，才能吸引人才

領導者要能拋棄個人成見，客觀地對他人做出評價，即使情感上不喜歡，也決不以私害公、以私誤公，而應看中對方的能力加以重用。

用人唯親與用人唯才是兩種不同的企業用人方針。用人唯才，是指不論親疏恩仇，只要是有能力的人就加以重用；用人唯親，是自己的親友或親近自己的才信任並重用，只是用人唯親雖然確保彼此的關係會較親密，但卻會產生許多大問題，歷史上不少英雄好漢就是因爲這樣而敗亡的。

用人唯親的問題在於一個人的親友畢竟有限，要在有限的人數中選拔出人才，必然數量少、品質不高，所以多庸才。況且，用人唯親必然不信任外人，所以外人就會被排擠，即便是人才也不得重用，而不被重用的人才，就會另尋出路、投奔他處，這等於是為敵對勢力提供人才，結果是削弱了自己、增強了敵人。

用人唯親無非是因為親人可信任，情感上較親密，但事實上，是否可信任是看那人的品德如何，而非關係是否密切、情感是否親密。我們不難見到，歷史上識錯人的領導者每當勢衰或敗亡時，出賣或殺害自己的恰恰是親密的人。

只是前車之鑑雖然那麼多，但用人唯親的領導者仍不乏其人，這既有感情問題，也有瞭解和認識的問題；要做到用人唯才，得要有寬闊的容人胸懷，有超人的膽識與才能，只可惜這種傑出的人物不多。

清朝末年的太平天國一開始很重視人才，譬如楊秀清足智多謀，蕭朝貴勇敢剛強，韋昌輝處險不驚，石達開文武兼備。洪秀全用人唯才，使太平軍的領導階層能團結一致、各有所用；但隨著勢力的擴大，領導集團迅速分化，宗派和權力慾望惡性膨脹，終於釀成「天京政變」，使楊秀清、韋昌輝均在自相殘殺中死於非命。

勢力的擴大使天王洪秀全心胸越來越狹窄，越來越關心洪氏家族的權勢與地位，而置追隨者的命運於不顧。在用人上，他開始大量任用同族親信，給自己兩個昏庸無能的兄長洪仁發、洪仁達封王授爵，由任人唯賢逐步轉向任人唯親，使太平天國喪失重振雄風、恢復強盛局面的機會，逐步走向衰落直到滅亡。

歷史學家在評價太平天國的失敗時，歸結為洪秀全的任人唯親與猜賢忌能。由此看出，任人唯親，輕則失人失民，暗藏危機；重則失國失權，斷送河山。

在現代企業的管理中，用人唯親的情況也很常見。在一些中小企業中，「家族化」的經營風氣更是盛行，往往是總經理、廠長的妻子管財務，弟妹管供銷，舅子管人事，一派「家天下」的陣式。即使是在國營企業中，有些領導者也會設法把子女弄進公司中，以求一官半職。

但是，綜觀家族式經營的失敗教訓，這種做法的後果必然是可悲的。

一、家族化經營用人唯親，因此有人明明無德無才但薪水卻很高；而有一技之長的人得不到重用，甚至受「眾親」的嫉妒、排擠，只好跳槽另謀高就。

二、容易形成派系拉幫結夥。在企業中形成「家族派」與「非家族派」；在「家族派」內部，又因近親、遠親，地位和待遇不同，形成小派別，彼此明爭暗鬥、針鋒相對。在這種情況下，企業的發展自然不穩定

三、親人間會憑藉關係互相串通，以權謀私，所以企業當然會被搞垮。

既然知道用人唯親的壞處，那要如何才能做到任人唯才呢？身為領導者，必須要把握住兩個基本點：

一是選才，要出於「公心」。

這點的關鍵在於無私，無私是選賢任才的前提。

對於這點，孔子了解得十分清楚，他說：「君子對天下之人，不分親疏，無論厚薄，只親近仁義之人。」也就是說，在人才問題上，應該不計較個人恩怨、得失，而只考慮國家的利益、民眾的利益。

二是選才不避仇。

這就需要領導者公而忘私、虛懷若谷，有很寬廣的心胸，能夠不計較個人的恩怨和得失；要能拋棄個人成見，客觀地對他人做出評價，即使情感上不喜歡，也決不以私害公、以私誤公，而應看中對方的能力、加以重用。

垃圾只是放錯位的寶貝

領導者切勿從外在條件判斷人。只要運用得當，每個人都能是人才，每個短處也都會是長處，關鍵只在於領導者是否有用人的眼光與腦袋。

每個人都不可能十全十美，不過既然人都有缺點，那麼必定有善用缺點的方法，這方法的關鍵就在於將缺點用到適當的地方，如此一來缺點也能變成優點，這就是所謂的「短中見長之術」。

《貞觀政要》中曾記載唐太宗李世民的短中見長之術。李世民說：「明主之任人，如巧匠之制木。直者以為轅，曲者以為輪，長者以為棟樑，短者以為拱角，無曲直長短，各種所施。明主之任人亦由是也。智者取其謀，愚者取其力，勇者取其威，怯者取其慎，無智愚勇怯兼而用之，故良將無棄才，明主無棄士。」

有位廠長既善於用人之長，更善於用人之短。比如愛鑽牛角尖的人就安排他去當品管，處理問題頭腦太呆板的人就安排他去考勤，脾氣太強、爭勝好強的人就安排他去執行特別任務，能言善辯且喜歡聊天的人就安排他去當公關。因此，在他的安排下，沒有不能用的員工，且每位員工都能在適當的位置上發揮所「短」。

一般人看來，短就是短，但在有見識的人看來，短也有長。

清代思想家魏源曾說：「不知人之短，不知人之長，不知人長中之短，不知人短中之長，則不可以用人。」

中國智慧充滿了辯證法，就看你具備不具備這樣的頭腦與眼光。如果能把握這種用人辦法，那不論是大才小才、奇才怪才、庸才歪才都會是人才。

在識人用人之時，要謹防「以短掩長」。有些人之所以被視爲「無長」與「無用」，是因爲人們只看到一些表面現象，沒有看到他們眞正的本事，因此，要善用人才就要懂得「挖掘」。

就像閃閃發亮的水晶石剛從土裡挖出來時，只是一塊髒兮兮的東西，要是只看表面，一定會把它當廢物扔掉；「挖掘」人才也是這樣，若是只會從外在條件判斷一個人的才能，那必定會糟蹋眞正的人才。

唐代文學家柳宗元寫過一篇文章叫《梓人傳》，故事是說有個木匠家中什麼工具都沒有，連自己的床壞了也沒辦法修理，因此，鄰人都說他是一個無才之人，徒有木匠的虛名。後來，這位木匠負責去蓋一座大型建築，只見所有的木匠都聽他指揮，工作進行得井井有條，效率高、品質好。

等到一座巍峨的宮殿呈現在大家眼前時，鄰人看著以往毫不起眼的木匠，個個目瞪口呆，懷疑他就是那個連自家床鋪也修不好的木匠嗎？

所以，身爲領導者切勿從外在條件判斷人，切勿輕易得出結論，說某某無用、某某廢物。事實上，垃圾有時只是放錯了位置的寶貝！只要運用得當，每個人都能是人才，每個短處也都會是長處，關鍵只在於領導者是否有用人的眼光與腦袋。

疑人也用，用人也疑

「用人也疑」是放手與管理的結合，既要讓下屬有空間發揮，又要有效地監督檢查。監督檢查既有防範作用，也能使工作成果更加完善。

就算能力再怎麼高強的領導者，也會有自己的能力限制與不足之處，也常常會出現力有不逮或者是分身乏術的情況。

在這種時候，想要成為卓越的領導者，就要懂得妥善運用下屬的能力，讓他們幫助自己完成那些棘手的事情。

古人說：「疑人不用，用人不疑」，但現今在企業管理中流行一個觀點叫「疑人也用，用人也疑」。

其實，企業在用人問題上往往是一種「風險投資」。在面試員工時，很難一看就知他的底細，況且人也會隨著發展而變化，因此在選用員工時，只能判斷是否基本上符合求職條件，至於今後是否出色，還有待於日後工作的檢驗，在這種狀況下蘊含了風險，有可能事與願違。

但既使如此，領導者雖有「他究竟能否幹好」的疑惑，也還是要用用看，這便是「疑人也用」。

至於「用人也疑」，說的是企業管理中必須要有的監督機制。

企業管理中，既要有激勵機制，又要有監督與制約的機制，這是管理企業上不可或缺的「兩個輪子」。沒有監督制約機制的管理，必定會出現大問題，甚至損失慘重。就像當初英國的巴林銀行對駐新加坡的理森「用人不疑」，結果他三年來一直做假帳隱瞞虧損，最後造成八億兩千七百萬英鎊的損失，致使有兩百年歷史的老牌巴林銀行破產。

「用人也疑」的監督制約機制，並不僅僅是針對被監督人，它還呈現出企業一種完善的運作機制。對任何人來說，沒有監督制約機制，就等於欠缺有效的管理，「用人不疑」也就建立在盲目、毫無章法的基礎上，最後難免要出大問題，甚至是演變成滅頂之災。

「用人也疑」應該是放手與管理的結合，既要讓下屬有空間發揮，又要對他們進行有效監督檢查，這些監督檢查既有防範的作用，也能使工作成果更加完善。

例如，通過監督檢查，可以及時掌握工作進度，可以及時發現計劃與現實的不合之處，有利於溝通和解決。

對下屬的監督檢查，更能考核他們的工作態度和成效，能夠截長補短，使他們可以更有效地發揮本身的才能。

從這個意義上來說，「用人不疑」往往會被解釋爲放手不管，而「用人也疑」則是放中有管，在放和管中尋求平衡，使企業管理中激勵與監督這兩個輪子和諧地運轉，彼此並行不悖。

人才是企業發展的關鍵

人才是現今企業能否發展、茁壯的關鍵，但要吸引人才，除了要為人才創造出可供發揮的環境外，領導者更要有禮賢下士的風度。

如果你想成爲卓越的領導人，有一番超越別人的成就，首先就必須建立起讓別人肯定的良好形象，才可能爲自己招來優秀的人才，進而站在有力的地位，讓這些人才心甘情願爲自己實踐抱負。

戰國時期，齊兵攻燕，燕國百姓不甘心接受亡國的命運，聯合將齊兵打敗，找回太子立爲國王，即爲燕昭王。

面對滿目瘡痍的國家，燕昭王立志不惜代價，要廣招人才重建家園，於是向年高德劭的郭隗請教招賢的辦法。

郭隗沉思良久後，對燕昭王說了一個故事，大意是說，古時有一個國君最愛千里馬，派人四處尋求，但過了三年仍無所得。

這時，有個侍臣聽說遠地有千里馬，遂告知國君這個消息；國君給了千兩黃金，讓侍臣前去買馬。沒料到當侍臣到達時，千里馬已經病死了，於是侍臣取出五百兩黃金買下馬首，獻給國君。

國君看到後勃然大怒，但侍臣解釋說：「大家只要知道您肯花錢買死馬，還怕沒人把活馬送上來嗎？」

果如其言，五百兩買馬首的消息傳出後，世人都知道這名國君眞的非常愛惜千里馬，不出一年，便從四面八方送來幾匹千里馬了。

郭隗告訴燕昭王，只有放下身段、屈尊敬賢才會吸引能人賢士來歸附。燕昭王聽從他的建言，重用郭隗，並設「黃金台」廣攬賢士。於是，燕國逐漸強大了起來，最後成爲戰國七雄之一。

這則小故事給企業領導人的啓示是：

第一，選拔英才要有誠意。

不要認爲禮賢下士只是古代開明君主或政治家的一種個人優良品德，其實它正是選拔人才最有效的辦法。

第二，要想獲得人才，得要先樹立自己重才和愛才的形象。藉著重才、愛才形象，才能吸引更多懷才不遇的仁人志士。

第三，領導者要親自致力於人才選拔。

「領導不親自參與，就得不到人才。」這是日本川崎化工總裁淺井雅夫對於企業如何吸引人才、選拔人才的切身體會。

在日本，爭奪高級人才的競爭十分激烈，導致許多大企業在招募員工時，都只能保量不能保質；川崎化工原本只是家小企業，卻沒有人才短缺之憂，原因在於領導者親自參與了人才的選拔。

第四，選拔人才需投入大量金錢。

只要領導者有選人、用人的意願和苦心，那即使花上幾十萬甚至幾百萬元「獵人頭」，也會覺得是合理的。在選拔人才的過程中，沒有錢是不能成功的，金錢、時間、熱情樣樣必不可少。

第五，選拔人才要廣為宣傳。

「黃金台」又叫「招賢台」，現在也有不少企業運用各種方式築起「招賢台」廣招人才。在企業創業初期，由於名聲不大，不易吸引人才，所以利用各種宣傳媒介築「黃金台」的方式是很有價值的，會比較容易吸引到好人才。

人才是現今企業能否發展、茁壯的關鍵，所以每位企業領導人都求才若渴。但要吸引人才，領導者除了要爲人才創造出可以發揮的環境外，更重要的是領導者得要有禮賢下士的風度，唯有如此，才能吸引人才。

要吸引人才，就要有保護人才的魄力

領導者不但要有容才之德，還要有護才之魄。一個優秀的領導者應當力排眾議，無畏地保護人才，方能培育出更多人才。

成功的領導者與失敗的領導者之間之所以產生那麼大的差別，原因就在於前者是積極的，懂得主動出擊，積極招募人才，至於後者則是消極的，只會被動等待，卻老是抱怨欠缺人才。

想成爲一個卓越的領導者，選才用才之時必須清楚，世界上沒有完美無瑕的人，即便是被人們公認的人才，也很難是個全才。

例如，諸葛亮是劉備的得力軍師，可是要他提刀殺敵必定比不過張飛；李逵在水裡打不過張順，但上了岸，張順又不是李逵的對手。由此可見，人才雖有所長，也必有其短，而且常常是優點越突出，缺點也越明顯。

而且既然是人才，必定有自己的眞知灼見，必然對自己的見解充滿信心，因此決不肯隨意附和領導者的每個意見，往往是堅持己見。

既然是人才，往往忙於求知而無暇無力去搞人事關係，也往往天眞而不懂人情世故，因此可能會不顧領導者的顏面，不分場合地秉公直言。

所以，想成爲卓越的領導者一定要有寬闊的胸懷，也要有容才的雅量，要能容忍人才的特點和缺點。「宰相肚裡能撐船」、「小不忍則亂大謀」都是現代企業領導者應該謹記在心的格言。

許多卓越的領導者能在群雄中稱霸，容人的雅量正是成功的關鍵。

相反的，聰明睿智的諸葛亮在輔助後主劉禪之時，卻因過於「明察」而適得其反。當時，魏延勇猛過人，屢建戰功，只因「性矜高」，所以不得諸葛亮重用；廖立的才智雖與龐統齊名，只因發了點牢騷，即被放逐。

當然，這兩人的確有缺點，但只因一點小缺點就捨棄不用，也代表領導者沒有容人與用才的度量，也無怪乎在諸葛亮死後，蜀國第一個滅亡，這當然與諸葛亮在用人上的失誤有關。

對於人才，領導者不但要有容才之德，還要有護才之魄。這是因爲，人才大多有非同一般的眞知灼見，甚至某些新穎的觀念可能會被視爲「異端邪說」，或是行爲會被周遭視爲「胡作非爲」，所以，這些人才可能會遭到一般人排擠，或是與其他人存在某種程度的「對立」。

在這種情況下，一個優秀的領導者應當勇敢地站出來，力排衆議，無畏地保護人才，而且無數的事實也強有力地證明了，只有「有膽識駿馬，無畏護良才」方能培育出更多人才。

牢記對方的姓名就是給對方尊重

人都一定有特徵，有人的特徵還不只一種，只要把特徵當作新奇事物仔細觀察，同時將那些特徵與姓名連在一起，自然能將名字熟記。

保持洽當的應對進退，是卓越領導人應該注意的社交禮儀。不管在日常生活或是工作場合，千萬不要只想到突顯自己的形象而不考慮別人的感受，更不要忘記員工或顧客的姓名，這是鞏固自己領導基礎，以及維持良好人際關係最重要的準則。

只要多在「認人」方面下功夫，就能讓別人喜歡你。

想要成爲卓越的領導者，必須具備「認人」的本領；若能夠記牢對方的姓名，就很容易讓對方產生良好的印象，這種本領在交際場合中大有用處。

當對方對你十分熟悉，你卻偏叫不出他的姓名，這時雖然可以用含糊的方法敷衍過去，但心裡終究覺得不安。有時，因爲地位的關係，你應該先打招呼，他不便先招呼你，但你如果不記得他的姓名，無法及時跟他打招呼，他就會誤認你是托大傲慢、目中無人，這可就不妙了。所以，要在交際場合中擁有優勢，熟記對方姓名是一項必不可少的功夫。

有的老師之所以能在初見面後就叫出對方姓名，其實並沒有什麼特別奧妙的方法，他們只是預先做一種別人都不肯做的功夫，那就是把學生的照片反覆辨認，把每個學生的面貌都印入自己的腦子裡，因此即便才剛見面不久，也能很自然地叫出對方姓名，使對方不由得大吃一驚。

因此，你要熟記陌生人的姓名，最快速的方法就是從照片上將相貌與姓名一齊熟記，這其實是容易辦到的事。

例如，有一張團體照片，你有意要熟記照片上每個人的名字，那相信每天只要多花十分鐘的時間，不到三、五天就可以完全熟記了。

如果你遇見的人沒有照片，那麼依賴照片的辦法便無法應用了。這時你不妨利用彼此見面的機會，細細辨認一下他的身體有什麼特徵，比方身材特別高，是個彪形大漢；還是身體細長，像個電線桿；還是雙目明亮，或細如鼠目；還是嘴巴特別大，鼻子特別高；還是頭髮微禿，走起路來一拐一拐的……等等。

人都一定有特徵，有些人的特徵還不只一種，你只要把他的特徵當作新奇事物般仔細觀察，同時將那些特徵與他的姓名連在一起，並在短時間內一再反覆辨認，自然能將名字熟記了。

不過，須注意一點，在做觀察、辨認功夫時，態度必須自然，不要顯出正在觀察的神情，那會使對方不自在；若是雙目牢盯、端詳不已就相當失禮。尤其是對於女性，這種動作足以使對方侷促不安。

PART 3

容忍缺點，才能善用優點

人有長處，也有短處；
優點越突出，缺點也越突出，
領導者既要重用人才的長處，
就要能容忍他的缺點，
才真能得到人才的幫助。

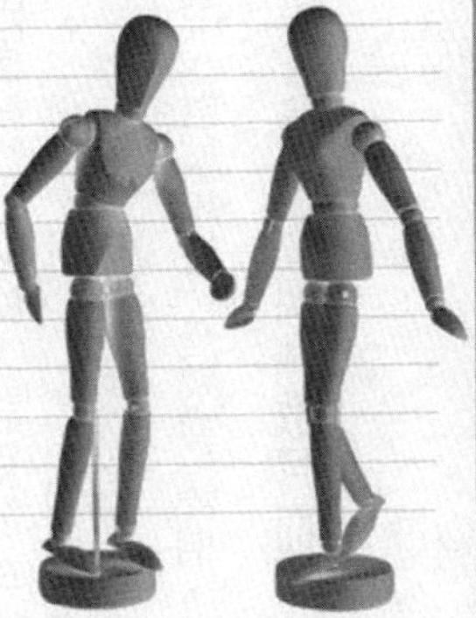

放心，屬下才能發揮積極性

如果對一個人才既要用其所長，又總是不放心，就會阻礙他能力的發揮。只要充分信任和支持，就能最大限度地發揮他的智慧和創造性。

戰國時代，魏國君主魏文侯任用武將樂羊攻打鄰國中山國，但樂羊的兒子樂舒，卻是中山國國君姬窟的親信，因此大臣們議論紛紛，認為樂羊會袒護他的兒子，不會盡心盡力去攻打中山國。

不過，魏文侯請樂羊來面談後，兩人坦誠相見、疑竇頓消，所以仍命樂羊為帥。樂羊攻打中山國後，為爭取城中百姓的支持，曾圍城數月而不攻，於是猜疑、攻擊樂羊的奏書紛至沓來。

然而，魏文侯不但沒有撤換樂羊，反而不斷派員慰問前線將士。終於，樂羊打敗了中山國，凱旋歸來。

爲此，魏文侯特地爲樂羊開了慶功宴，並在宴會結束後賞賜樂羊一個箱子，樂羊心想這必定是國君賞賜的黃金美玉，誰知打開一看，裡面裝的不是金銀珠寶，而是大量非議、中傷自己的奏摺。

看到這些奏摺，樂羊深爲魏文侯的信任而感激，因此之後魏文侯提出要賜予樂羊封地、封官時，樂羊都再三推辭、堅決不受，並成爲魏文侯座下最忠心的臣子。

如何管人用人，考驗著領導者的大智慧。

沒有魏文侯知人善任、用人不疑的風度，任憑樂羊有再高的軍事才能，也不能取得勝利，也無怪乎樂羊之後會如此感激。

凡是有作爲、有經驗、心胸開闊的領導者，都懂得「用人不疑」這個道理，但是，眞正做起來是很不容易的。看看歷史上，有不少偉大人物是每戰必勝的蓋世英雄，但在對待人才上，卻常常犯了「用且疑」的錯誤，甚至由於那些「疑」而致使功業廢敗。如楚漢相爭的項羽、《三國演義》中的曹操，都是一代雄才，可是都由於中了「反間計」而上當。

項羽猜忌謀士范增是叛徒，不再信用，結果使范增憤而離去；曹操懷疑水軍總督蔡瑁要投奔孫權，結果蔡瑁被殺，從而造成赤壁之戰的失敗。

所以，企業領導者不可輕信閒言碎語，應明白世上有愛才、薦才之士，也有妒才、誣才之人。魏文侯信任樂羊，面臨眾多猜疑、攻擊的考驗；在現實生活中，那些說短道長、到處播弄是非、愛打小報告的人仍時有所見，每一位領導者決不能輕信妒賢嫉能者的閒言閒語，而失去了大好人才的幫助。

如果對一個人才既要用其所長，又總是不放心，就會挫傷他的積極性，也會阻礙了他能力的發揮。歷史事實證明，只要放手大膽地讓人才去發揮，充分給予信任和支持，就能最大限度地發揮他的智慧和創造性。

驕矜悅己當然拒人千里

做人應該謙遜、和藹，這樣別人才願意親近你，才能獲得大眾的支持、打下群眾基礎；反之，若高傲自大，當然人人都會遠離你。

《菜根譚》裡有句警語說：「蓋世功勞，當不得一個矜字。」一個對國家有大功，因而成為天下萬民景仰的英雄偉人，一旦有了自誇其功的行徑，不但會喪失人們對他的佩服與敬重，甚至還會招來禍患。

領導者須知「一將功成萬骨枯」的道理，任何豐功偉業都不可能是由一個人創建起來的，而是由千千萬萬的屬下拋頭顱灑熱血地鋪墊而成，沒有這些人的默默付出，就沒有辦法成就耀眼的英雄；因此，如果一個英雄偉人把功勞全都佔為己有，自然會引起眾人的反感。

東漢光武帝劉秀即位後，蜀地有位叫公孫述的人自立爲王，與劉秀對立。這時，西北隴地的隗囂族王，正困惑於不知應投靠光武帝還是歸順公孫述，於是派屬下馬援前往公孫述處打探。

馬援與公孫述原是舊知，本以爲這次前往，公孫述定會像以前那樣歡迎他，誰知馬援到蜀地後，公孫述的態度卻相當冷淡，十分的驕矜、傲慢。

看到這種情景，馬援對隨從說：「算了！公孫述這傢伙只是虛有其表，這種地方怎能容下天下之士呢？」

說完便打道回府，並跟隗囂王說：「公孫述只是個外強中乾的人，充其量是個井底之蛙，不値得歸順他。」

過了不久，馬援又奉命去拜訪光武帝。

馬援剛到後不久，光武帝便親自來迎接他，還笑容可掬地寒暄道：「久仰貴公才能，今日一見，果然不同凡響！」

馬援對光武帝親切的態度受寵若驚，而且在兩人談話間，光武帝始終好言相慰，完全沒有任何架子，更讓馬援心生好感。

隗囂王得知光武帝的爲人後，便立刻率衆投奔漢朝；而之後的歷史也證明，隗囂王所做的決定是個明智的選擇。

由此可見，做人應該謙遜、和藹，這樣別人才願意親近你，才能獲得大衆的支持、打下群衆基礎；反之若高傲自大，當然人人都會遠離你。

自大多一點就是一個「臭」字，應該明瞭，人們對妄自尊大的人，都會嗤之以鼻，拒之於千里之外。

所以，身爲一位領導者，要想做大事，要想得到屬下的愛戴，就要將身段放低；若是妄自尊大，恐怕無法在高位上待太久了！

付出感情，員工才會回報熱情

對員工付出感情，屬下也會以熱情回報；上司與下屬間的感情好，公司內的氣氛會融洽，員工的工作效率也會提高。

伊拉斯謨曾經這麼說過：「一個卓越的領導者，有時候必須懂得運用『謊話』去激勵和鼓舞部屬。」

的確，一個成功的領導者必須知道如何激勵部屬的熱情和鼓舞部屬的士氣，即便這些激勵和鼓舞的言辭全部都是暫時無法兌現的「謊話」，也必須充滿感情和熱情，把它說得跟眞話一樣。

感情是聯繫人際關係不可或缺的紐帶，在上司與下屬之間亦是如此。

想讓員工理解、尊重、信任、支持自己，並發揮應有的功能，領導者首先應懂得怎樣理解、信任、關心和愛護他們。

有耕耘才會有所收穫，想要成爲一名卓越的領導者，一定要高度重視自己的員工，以心換心、以情動情。

與員工以心換心、以情動情是必要的，因爲人人都有這種需要。

心理學家馬斯諾的「需求層次說」認爲，凡是人，都希望別人能尊敬和重視自己、關心和體貼自己、理解和信任自己。

這種需要是屬於心理上和精神上的，是比生理和物質上更高級的需求，因爲物質只能讓人飽暖，精神才能給人力量。

如果領導者能對同事和員工平等相待、以誠相見、用心對待，從思想上理解他們，從生活上關心和愛護他們，在工作上信任並支持他們，使他們的精神得到滿足，那這些員工當然就以熱情回報，奉獻出所有力量，努力把工作做得更好。

領導者對待員工要以心換心、以情動情這個道理，許多古代的政治家都懂得，如劉邦的「信而愛人」、唐太宗的「以誠信天下」，都是很好的例子。

每位員工都需要上司的同情、尊重，理解和信任，如果領導者能注意這一點，並身體力行，那麼企業裡就會出現親切、和諧、融洽的氣氛，凝聚力和向心力會大大提高，自然也會爲公司帶來更大的效益。

因此，在公司的領導和管理工作中，優秀的領導者應該懂得感情投資，知曉人情也是自己雄厚的資本。

對員工付出感情，屬下自然也會以熱情回報；上司與下屬間的感情好，公司內的氣氛自會融洽，員工的工作效率也會提高。如此上下一心地努力工作，公司當然會越來越蓬勃發展，越來越茁壯。

不計恩怨才有人才可用

用人就是要用他的長處，不可執著於他的小過失，也不可執著於過往的恩恩怨怨，否則天下就沒有人才可用了。

知識經濟的年代，是個高度競爭的年代，同時也是許多領導人缺乏自信的年代。許多領導人在「殺戮戰場」裡表現得有氣無力，甚至自卑猶豫、瞻前顧後，言談之間都缺乏自信的魅力。

這樣的領導人對前途充滿悲觀，既不敢正視自己，得不到別人幫助，也沒有容人的器量，更別提和敵對過的人合作了，結局自然走向滅亡。

對於一個幾乎用箭把自己射死，又曾經保護和追隨自己政敵的人，你敢用他嗎？有器量用他嗎？

春秋五霸之一的齊桓公就大膽地重用了這樣一個與自己有「仇」，但確實能輔佐自己的良才——管仲。正是因爲齊桓公能忍住個人的恩怨，不拘小節、大膽重用人才，才使他成爲春秋戰國時代的霸主。

齊桓公原名小白，是齊國公子之一，而管仲原本是小白之兄公子糾的師傅。齊國的君主僖公死後，各公子相互爭奪王位，到最後只剩下公子小白與公子糾兩人競逐；那時，管仲爲了替公子糾取得王位，還曾用箭射傷公子小白。

不過，最後的結果是公子小白搶先一步回到齊國繼承王位，是爲齊桓公；至於幫助公子糾爭奪王位的魯國，在與齊國交戰中大敗，只得求和，於是桓公要求魯國處死公子糾，並交出管仲。

這個消息傳出後，大家都非常同情管仲，因爲被遣送到敵方，無疑會被折磨致死，甚至有人建議說：「管仲啊！與其厚著臉皮被送到敵方，不如自己先自殺吧！」但管仲聽到這個建議後，只笑笑地說：「如果齊桓公要殺我，我當初就會和主君一起被殺了；如今還找我去，就不會殺我。」

就這樣，管仲被押回齊國。意外的是，齊桓公馬上任用管仲爲宰相，這等禮遇連管仲自己都沒有想到。

事實上，管仲之所以能當上宰相，與他的好朋友鮑叔牙有很大的關係。他們年輕時，曾秘密約定輔佐齊國國君成就霸業；當時在公子糾處當師傅的管仲對當公子小白師傅的鮑叔牙說：「齊國未來的國君必定是公子糾或小白，其他公子都不配繼承。希望將來不管是誰繼承王位，我們都能合力輔助那位新君主。」

最後，公子糾失敗，桓公繼位，因此鮑叔牙從中說項，救了管仲一命，並且推薦他爲宰相，遵守了彼此的約定。

鮑叔牙年輕時就發現了好友管仲卓越超凡的才智，彼此間的友情也非常深厚。

某次，兩人一起去做買賣，鮑叔牙將所得利益的四分之三給了管仲，因爲管仲家窮，所以鮑叔牙認爲這是應該的。

又有一次，管仲爲鮑叔牙做了一件事情，反而使鮑叔牙陷入困境，不過鮑叔牙認爲管仲的立意是好的，因此絲毫沒有怨恨管仲。由這些事情可以看出鮑叔牙對管仲有如自家兄弟一般。

其實，鮑叔牙本身也是個很有才略的人，深謀遠慮，處事恰如其分，對於形勢與人才的判斷也正確無誤，所以在兩位賢臣共同努力之下，齊桓公才能平定亂世，成爲春秋時代的首位霸主。

因爲知道管仲是個極有才幹的人，所以鮑叔牙不因管仲貪小財就看不起他，而齊桓公因爲要用人治國，因此也不計較管仲曾射了自己一箭的小仇。正是這樣，管仲才能發揮他的才智，齊國也才能成爲強國。

如果只是一味地考慮對方的小毛病，那麼這世界上哪有完人呢？用人就是要用他的長處，不可執著於他的小過失，也不可執著於過往的恩恩怨怨，否則天下就沒有人才可用了。

得罪下級，小心後悔莫及

聰明的上級都懂得拉攏下級，一方面別使他產生害己之心，一方面也是確保自己將來被下級取而代之時，能獲得善待。

在一般組織中，都要求下級得服從上級，且上級又能決定下級的官途和命運；由此看來，上級似乎不必重視下級。不過，事實上並非如此，因爲職位多半不是世襲的，是處在經常流動之中的，因而今日的下級，可能會在日後成爲上級，特別是與自己地位相差無幾的，更可能會取而代之。

因此，想要成爲一個屹立不搖的領導者，就不能不對下級有所防範，一來是不與下級結仇，即使他將來升遷，也希望他能善待自己；二來是籠絡下級爲己所用，彼此結成聯盟，使他成爲自己的黨羽；三來是要壓制下級，別讓他取代自己的地位。

總之，即便是面對比自己地位低下的人，也要多加用心，別得罪了下級。

例如，西漢時代有位叫韓安國的將軍，因爲犯法而入獄。當時拘管韓安國的典獄長田甲看他是個罪犯，經常侮辱他。

韓安國不堪辱罵，便對田甲說：「死灰獨不復燃乎？」意思是說：「你不怕我將來再做高官嗎？」

可是，田甲自恃爲監獄長，主管犯人生死，因此高傲地對韓安國說：「燃即溺之！」也就是說：「死灰若燃起，我就撒尿澆熄它！」

結果過沒多久，皇帝就赦免了韓安國的罪，並將他升了官。

這下田甲可就慌張了，趕忙逃走。不過，韓安國下令說：「田甲得到我的手下當官，不來的話，就誅殺全族！」

田甲沒有辦法，只好前往謝罪。見面之後，韓安國不但沒有責罰田甲，還笑著說：「你的才能足以在我手下爲官。」

田甲感念韓安國的雅量與恩德，最後成爲韓安國最忠心的屬下。

恩威並施是上級對下級的常用之道，如不這樣，彼此就容易反目爲仇。

同樣是在西漢，大名鼎鼎的「飛將軍」李廣，因與匈奴交戰後損失兵馬，被貶爲庶人，於是定居南山，以射獵自娛。

某次，他射獵晚歸，走到霸陵亭時，被負責治安的霸陵尉發現，當場喝斥他一頓，李廣的隨從對他說：「這是以前的李將軍。」

但霸陵尉仍趾高氣揚地說：「就算是現任將軍也不得夜行，何況是以前的！」霸陵尉無論如何就是不讓李廣過亭，所以李廣只好露宿荒野。不久匈奴入侵，漢武帝只好又召李廣爲將；李廣再次當上將軍後，就利用職位之便，將霸陵尉斬首。

對霸陵尉來說，落難的李廣只是個平民百姓，所以對他非常傲慢，但後來李廣再次獲得重用，卻以報復之心對待霸陵尉，實在是顯得器量狹小。也正因爲如此，李廣在與匈奴的戰役中，雖功勳昭著卻未能封侯，到老時又因行軍失誤，以「終不能復對刀筆之吏矣」爲歎，自刎而亡。

李廣不能善待這些小吏，落難時自然畏懼這些小吏。

宦海沉浮，即便是高官權貴也可能突然跌至谷底，只有在這時，他們才了解那些不起眼的下級有多可貴、多重要。

如漢代名臣周勃，曾隨漢高祖東征西伐、誅除諸呂，又擁立文帝，威震天下，但後來被人誣告，被判刑入獄。

此時，即便是曾爲宰相的周勃也不得不低頭，只好以千金賄賂獄吏，最後還因獄吏一言使他得以無罪釋放。出獄後，周勃不無感歎地說：「吾嘗將百萬軍，安知獄吏之貴也！」

前車之覆，後人之鑑。所以聰明的上級都懂得拉攏下級，一方面使他不致產生害己之心，一方面也是確保自己將來被下級取而代之時，能獲得善待。相反的，若是領導者自恃位高權重，不將下級放在眼裡，甚至輕慢侮辱了下級、得罪了下級，那有朝一日被下級取而代之時，可能就後悔莫及了。

容忍缺點，才能善用優點

人有長處，也有短處；優點越突出，缺點也越突出，領導者既要重用人才的長處，就要能容忍他的缺點，才真能得到人才的幫助。

領導統御的藝術在於容忍部屬的缺點，活用部屬的優點。

卓越的領導人可以透過謹愼觀察得知部屬的優點與缺點，並且在輕鬆愉快的氣氛中，彼此交流想法和看法，然後將對方的優點發揮到極致。

想要成爲卓越的領導人，必須先訓練自己成爲一個心胸寬大的人，然後加強識人用人的能力，如此才能發揮更高超的領導藝術。

要學會克制自己的好惡，不過分在意部屬的缺點。

人有長短，長短並存，要能用人所長，必須要能容人之短。

唐太宗李世民說：「人之行不能兼備，朕棄其短，用其長。」

北宋名臣司馬光則說：「若指瑕掩善，則朝無可用之人；苟隨器拔用，則世無或棄之士。」

他們所說的，都是「良匠無棄木，明主無棄士」的道理。

德魯克也在他的著作《有效的管理者》一書中說：「若要求所用之人沒有短處，那最多只能得到一個平平凡凡的組織，因為『樣樣皆是』的人，必然一無是處；相對的，才能越高的人，他的缺點往往也越明顯，所以如果一位經營者僅能見人之短而不能用人之長，甚至刻意挑其短而非著重他的長處，這樣的經營者本身就是一個弱者，也無法得到人才的幫助。」

他還特別舉林肯在南北戰爭時期，任命嗜酒貪杯的格蘭特當總司令爲例。

南北戰爭期間，有人批評說格蘭特嗜酒貪杯，難當大任，不過林肯卻說：「如果我知道他喜歡什麼酒，我倒應該送他幾桶，讓大家共享。」

林肯當然知道酗酒可能誤事，但他更清楚在北軍的將領中，格蘭特是最有才能的將帥，所以容忍了他的缺點，委以總司令的重任。事實證明，格蘭特當總司令這件事，正是南北戰爭的轉捩點。

在中國歷史上容人之短的事例不勝枚舉。容人之短的魄力，特別表現在敢於用不同意見的人才，甚至是反對過自己的人才。

例如，舜不怕禹記殺父之仇，仍重用禹治水，並禪位給禹；齊桓公接受鮑叔牙的建議，不記當年一箭之仇，還拜管仲為相；唐太宗不計前仇，重用政敵魏徵……等等，都是傳誦千古的佳話。

用人之長，就必須容人之短，這是古今中外的通理。人有長處，也有短處；優點越突出，缺點也越突出，領導者既要重用人才的長處，就要能容忍他的缺點，唯有如此，領導者才眞能得到人才的幫助。

學習紅臉白臉集於一臉

高明的企業領導者莫不運用紅白臉相間的辦法，唯有如此，才能既鞏固自身領導者的權威地位，又得到屬下的支持與愛戴。

在京劇裡，各種不同的角色就有不同的妝容，並以臉上妝容和色彩的不同，來表示對該角色的褒貶，其中紅色表示忠勇，黑色表示剛烈，白色表示奸詐，不同的臉譜顯示了不同的角色特徵。

在人際關係上，也講求紅白臉相間，但它要比京劇中簡單化的臉譜複雜多了。

例如，清朝乾隆皇帝就是集紅白臉於一身的高明領導者。乾隆靠著手下衆多人才，靠著康熙、雍正爲他奠定的豐厚基業，更靠著他本人紅白臉相間的韜略雄才，成了中國歷史上最有福氣的皇帝。他在位共六十一年，晚年還寫詩誇耀「十全大武功」，用漢、滿、蒙、回四體文字把《十全記》鐫刻在避暑山莊裡，後來乾脆稱自己是「十全老人」。

上述只是他的武功，他在文治方面亦是紅白臉相間。他會唱紅臉，對知識份子採用懷柔政策，例如規定皇族們見到大學士得行半跪禮，稱「老先生」；如果這位大學士還兼有「師傅」的身分，就稱他爲「老師」，自稱「門生」或「晚生」，如此種種，不勝枚舉。

乾隆對這些知識份子可說是恩愛有加，甚至親筆寫下：「儒林是史傳所必須寫入的，只要是經明學粹的學者，就不必拘泥於他的品級。像顧棟高這一類人，切不可使他們沒沒無聞啊！」

遵皇帝旨意，史館裡特設《儒林傳》名目，專門編寫知識份子的學術生平。平時，乾隆對奏章中鄙視「書生」、「書氣」的議論總是予以反駁，說：「修己治人之道，備載於書，因此，『書氣』二字尤爲寶貴，沒有書氣，就成了市井俗氣。」

他爲了籠絡讀書人，竟達到如此境地，可見他紅臉的角色唱得多麼好。

乾隆之所以這麼做，全是爲了維護滿族皇權至上、族權至上、朝廷至上的目的，是要保持「大清」永不「變色」。因此，誰要是在這方面稍有越軌，乾隆的紅臉馬上轉換成白臉，笑容滿面立即換成殺氣騰騰。管你是有意無意，都會立即被逮捕入獄，輕者「重譴」或「革職」，重者「立斬」或「立絞」，甚至處死後要「棄市」、「寸磔」，已死的也得開棺戮屍，連朋友、族人也會受到牽連。

乾隆在位期間，大興文字獄，有案可查的竟有七十餘次，遠遠超過之前的皇帝們，這也算是空前絕後了。

內閣學士胡中藻，曾寫過一本《堅磨生詩鈔》。乾隆皇帝久候等人告發他，無奈卻無人告發，最後索性自己「御駕親征」。

乾隆道：「『一把心腸論濁清』，加『濁』字在國號之上，這是何居心！」又說：「至若『老佛如今無病病，朝門聞說不開開』之句，更是荒謬！我每天上朝，何來『朝門不開』！」

乾隆還指出：「所出試題，有『乾三爻不象龍』……乾隆是我的年號，『隆』與『龍』同音，這詆毀之意可見！」

對於「南斗送我南，北斗送我北，南北斗中間，不能一束闊」一詩，他又說：

「南北分提，一再反覆，這是什麼意思？」

於是，下詔將胡中藻棄市，族人中年滿十六歲以上的人全斬，胡中藻的老師鄂爾泰的靈牌也被撤出「賢良祠」，鄂氏之子巡撫鄂昌，因曾與胡中藻唱和，也令其自盡。這等殘酷的手段，僅是文字獄中的一件罷了。文字獄搞得每位文人人人自危、處處小心，但往往只是幾篇遊戲作品、幾句賞花吟月之詞，一不小心也會被弄出個莫須有的罪名。乾隆就是使用這樣無情的手段，鞏固了自己的地位，由此可知，他有多麼善用白臉的身分。

任何一種單一的方法，都只能解決人際關係上某種特定的問題，也都有不可避免的副作用。以領導者而言，如果對屬下太寬厚，便約束不住屬下；如果對屬下太嚴格，則屬下毫無生氣與活力，這兩種態度均有利有弊，不能兩全。

所以，高明的企業領導者都深諳此理，爲避此弊，莫不運用紅白臉相間的辦法，唯有如此，才能既鞏固自身領導者的權威地位，又得到屬下的支持與愛戴，可說是領導之術的最高境界！

品德高尚自然受屬下愛戴

要想成為一位高明的領導者，有出色的領導風範，唯一的辦法就是不斷加強自身修養，唯有如此，才能受到屬下真心且長久的愛戴。

現代管理學的理念告訴我們，所謂領導或管理，就是讓不同的人在不同的崗位上發揮最大的作用；而領導者就是要妥善分配這些人，規劃出組織前進的方向，讓組織得到最大的利益。

只是，領導者要能使屬下有令必行，就牽扯到各方面的問題了。

對於領導者而言，個人的威信和魅力是可以通過努力做到的。

首先，作爲領導者得要有公平、公正之心，這不僅是身爲領導者的必要條件，更是做人該有的行事準則。

一個領導人做事是爲公還是爲私，是高尙還是低下，是處理好上下級關係，做好工作的一個基本條件；唯有辦事公平、公正無私，屬下才會敬重他、信任他，並承認他的領導地位、確實執行他的命令。

雖然每位屬下的性格脾氣各不相同，但無論如何，大家都會衷心愛戴和擁護品德高尙的領導人，而且這種由屬下意識中自發形成的非強制性權威感，會比強制性的權威感要維持得久。

只是，當人處在高位時，常會不自覺地變得越來越驕傲、越來越得意，雖說這是很正常的現象，可是這種情況會降低人格，進而會失去人心，不得屬下的愛戴，因此領導者不可不愼。

人格不只是提高領導能力的必要因素，而且在群衆眼裡，人格不知要比官格貴重多少倍，一個人的「德」對他能否取得成功有極大的作用。

此外，領導者公平公正的領導風範，必須建立在高尙的道德品質、正派的思想和言行一致的行爲上。

一個營私舞弊、只爲自己謀利的人，或一個狡詐虛僞、阿諛奉承的人，或一個尸位素餐、苟且偷安的人，或一個欺上瞞下、踩著別人的肩膀向上爬的人，都絕不會成爲一個公正無私、做事公平的領導者，更會被下屬們唾棄，無法領導眾人。

在現實生活中常看到這樣的問題，有的領導者處理問題不公、分配工作不均；或是在榮譽、利益面前當仁不讓，在困難、失誤面前畏首畏尾，甚至把下屬當代罪羔羊，而且這樣的領導者卻常常是對公平、公正的聲譽最爲敏感，他們做賊心虛，生怕人家說他不公平，反而總把這些字眼掛在嘴邊，以表明自己的清白。

也許，屬下一開時會被他表面上的領導姿態蒙騙，但群眾的眼睛是雪亮的，久而久之，下屬只會表面上敷衍，心裡卻十分反感，從而這種領導者會威信掃地，得不到支持。這種領導者就像《三國演義》裡所描寫的袁紹那樣「外寬而內極」，明明別人提出的批評是對的，但他不僅不想改正，反而惱羞成怒，這種領導人最終只會落得身敗名裂的下場。

有道是：「有麝自來香」、「眞是名士自風流」，要想成爲一位高明的領導者、要有出色的領導風範，唯一的辦法就是不斷加強自身修養、提高自己的道德水準，唯有如此，才能受到屬下眞心且長久的愛戴。

大材小用是一種人才浪費

古來多少王朝滅亡，並不是他們的國家裡面沒有可用的人才，而是他們有著一個無能的領導者，盡是起用一些自私自利的傢伙。

有人說過，沒有賣不出去的東西，除非找了不會賣的人，可見對領導人而言，適才適性是多麼重要的事。

用人不當，不僅僅是所託非人而已，更是時間、人才、資源的多重浪費。大材小用，能力高的人卻不給他發揮才智的機會，是時間、人才的浪費；小材大用，能力低的人沒有辦法將器物的功能完全應用出來，導致效率低落，則是資源的浪費。

如果想要成爲一個好的領導者，首先就要懂得把握管理人才的要點，大材小用與小材大用這兩種都是管理大忌。因此，領導者必須要特別注意各單位人才的選用，將合適的人安插在合適的位置，才能將成效完全地發揮出來。

南宋著名愛國詞人辛棄疾，童年時代父親就去世了，由祖父撫養成人，曾拜當時著名的田園詩人劉瞻爲師。

當時，辛棄疾和黨懷英兩人稱得上是劉瞻最得意的學生。有一次，劉瞻問他們兩人：「孔子曾經要學生談各人的志向，我也來問問你們將來準備幹什麼？」

黨懷英回答說：「讀書爲了做官，爲了取得功名，光宗耀祖。我一定要到朝廷裡去做大官，如果做不了官，就回家隱居，學老師寫田園詩。」

劉瞻聽了連連稱好，認爲他的志向高潔。但辛棄疾卻回答說：「我不想做官，我要用詩詞寫盡天下事，用劍殺盡天下賊！」

劉瞻聽了大吃一驚，要辛棄疾今後不要再說這樣荒唐的話。此後，辛棄疾和黨懷英兩人的生活有了截然不同的走向，辛棄疾投身抗金的民族戰場上，以愛國詞人著稱於世，黨懷英則投靠金人政權，成爲金人的幫兇。

金人南侵後，辛棄疾組織兩千多人的隊伍在故鄉起義，後來又率領隊伍投奔濟南府耿京組織的起義軍。不久，起義軍接受朝廷任命，與朝廷的軍隊配合作戰，共同打擊南侵的金軍。但由於主和派的排擠和打壓，辛棄疾後來曾長期閒居在江西上饒一帶，直到六十四歲時才被任命爲紹興府知府兼浙江東路安撫使。

紹興西郊的三山是當時著名愛國詩人陸游的隱居處，陸游比辛棄疾大十五歲，他的愛國詩句早爲辛棄疾敬仰，因此辛棄疾到任不久就去拜訪了這位前輩，兩人一起議論國家大事，大有相見恨晚之憾。

陸游聽了辛棄疾對形勢的分析和統一全國的理想，認爲他是一個有才能的人，希望他能取得成功。

次年春天，宋寧宗降旨要辛棄疾前往京城臨安，以便徵詢他對北伐金國的意見，爲了鼓勵辛棄疾發揮自己的才能，陸游特地寫了一首長詩贈予辛棄疾。詩中寫道，辛棄疾與古時著名的大政治家兼軍事家管仲、蕭何等人是同一流的人物，現在當浙江東路安撫使，實在是大材小用，鼓勵他爲恢復中原而努力，千萬不要因爲受到排擠不得志而介懷。然而，南宋的國君並沒有充分運用自己家國的人才，反而卑躬屈膝，四處求和，國勢一蹶不振，最後終於被蒙古南侵所建的元朝所滅。六十七歲那年，辛棄疾這位始終遭大材小用的愛國英雄，終於在憂憤中去世。

南宋君主若能及早發現辛棄疾的才能與他矢志爲國的決心，或許不致讓他因此抑鬱而終，南宋的國祚可能也不至於如此短暫。

日本著名的管理學者占部都美說：「所謂領導能力，是由『識別人』、『培育人』和『使用人』三個部分構成的實際工作能力。」

他還強調：「公正客觀地依照實際功績大小來識別人才，具有大膽起用人才的魄力，並且善於及時發現人才，是衡量一個人是否有現代能力的首要因素。」

可見善用人才是多麼重要的領導關鍵，身爲領導者卻不能辨別良才，或是把不適當的人放在不適當的位置，等於是乘了一輛裝備不良的拼裝車，恐怕還沒上路就要解體了，還談什麼衝刺呢？還談什麼目標呢？

同樣的，古來多少王朝滅亡，並不是他們的國家裡面沒有可用的人才，而是他們有著一個無能的領導者，盡是起用一些自私自利的傢伙。

假使，每個人都只爲私利近利的話，那麼又有誰會爲公爲國付出呢？又有誰會把國家存亡放在心上呢？

不過，覆巢之下豈有完卵？失根的蘭花豈能苟活？這恐怕是所有懷才不遇的人都應該深思的問題，就算目前不被重用，也要努力爭取出線的機遇。

公平對待，才能招攬人才

領導者考核人才時，必須拋開個人的好惡與志趣，以整體利益為重，只有這樣，才能避免漏選掉有用之才。

在生活中，由於人們的思想、志趣、經歷、愛好、性格、心理等有所不同，勢必造成人際關係中有親疏遠近之分、好惡喜厭之別；但是，身爲領導者必須了解，人才本身的才能是客觀存在的，不會因領導者的感情因素而有所改變，順我者未必有才，逆我者未必無才。

因此，領導者在考核過程中，不能感情用事，不能以個人好惡判斷人才好壞，必須以理智戰勝情感，以原則抑制私情，這才是正確的考核方式。

唐高宗時，大臣盧承慶專門負責對官員進行政績考核。某次，被考核人中有一名糧草督運官，在一次運糧途中突遇暴風，糧食幾乎被吹光了，所以盧承慶便給這個運糧官「監運損糧考中下」的評定。

誰知這位運糧官仍舊神態泰然，一副無所謂的樣子，腳步輕快地走出了官府；盧承慶看到這種情景，認爲這位運糧官有雅量，於是馬上將他召回，並將評語改爲「非力所及考中中」。不過，這位運糧官仍然不喜不愧，也不感恩致謝。

原來這位運糧官本是糧庫中的混混，對政績毫不在意，做事鬆懈渙散，只是恰好糧草督辦缺一名主管，才暫時讓他做了替補，沒想到盧承慶本人恰是感情用事的人，辦事沒有原則，因而二人可謂「志趣、性格相投」，於是盧承慶大筆一揮，又將評語改爲「寵辱不驚考上上」。

盧承慶憑自己的觀感和情緒，便將一名官員的評鑑從六等擢升爲一等。但這種融合個人愛憎好惡、感情用事的做法，根本不能反映官員的實際政績，也失去了公正衡量官員的客觀標準，勢必產生「愛而不知其惡，憎而遂忘其善」的弊端。

如此一來，就容易出現大量拍馬屁的人圍在領導者左右，還專挑領導者喜歡的事情做，說話也都迎合領導者的喜好。久而久之，領導者就會憑自己的喜好來考核人才，對他有好感的人便委以重任，而對與領導者保持距離、印象不深的人，即使有眞才實幹，也不委以重任，這樣必使組織風氣越來越敗壞，更會埋沒大量人才。由此可見，依個人好惡考核、任用屬下，必會帶來不良的後果。

事實上，以自己好惡來考核人才的領導者，最根本的缺點在於爲人做事沒有原則，任憑感情用事。這樣的領導者會不自覺地以志趣、愛好、脾氣是否相投作爲唯一的考核標準，這是一種把個人感情置於集體利益之上的表現。

這麼一來，許多與他志趣不投但有才華的人就無法得到重用，結果就會導致人才流失。另外，以個人的好惡考核人才就沒有客觀標準、沒有原則性，因而管理制度就會失去約束性和原則性，在領導者周圍就會出現一群投其所好的無能之輩。

所以，領導者考核人才時，必須拋開個人的好惡與志趣，以整體利益爲重，不講「人情」、不重「感情」、不報「恩情」，要捨棄那些自己喜愛的奴才、媚才，果斷地發掘那些自己討厭的高才、人才，只有這樣，才能避免漏選掉有用之才。

PART 4

有高明的手腕，才能避免屬下造反

一位高明的領導者得兼有鐵血的作風與懷柔的手腕，這樣才能樹立領導者的權威，並得到屬下的愛戴。

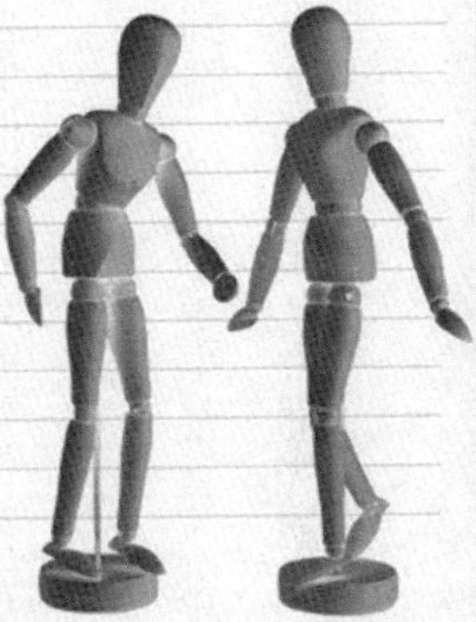

妥善分配才不必親力親為

領導者若是對任何事都親力親為，那不僅使自己疲於奔命，也不會得到好效果；只有將職責妥善分配，才能空出時間和精力去規劃全局。

在日常生活中，我們常可看到這樣的領導人，他們勤勉工作、早來晚走，無論大事小情都親力親為，因而十分辛苦；但他所負責的工作卻常常雜亂無章，整體的效率也不見得多高。

這些領導就像陀螺一樣，從早轉到晚，只是事事都管，卻也什麼都管不好。那麼，高明的領導者應該怎樣處理衆多繁雜事務呢？下面先舉兩個事例，看完後，你自然會發現高明的領導方法是什麼。

話說漢宣帝時期有位宰相叫丙吉，有一年春天，乘車經過繁華的長安街道，卻碰見有人群鬥、死傷極多，但是，他卻視若無睹，仍若無其事地通過現場，什麼話都沒說，繼續往前走。過了不久，他又看到一頭拉車的牛氣喘吁吁，卻馬上派人去問牛的主人到底是怎麼一回事。

旁邊的隨從看到了覺得很奇怪，爲什麼宰相對群毆事件不聞不問，卻擔心牛在氣喘，這豈不是輕重不分，人畜顚倒了嗎？於是有人鼓起勇氣請教丙吉。

丙吉告訴他：「取締群毆事件是長安令或京兆尹的職責，身爲宰相只要每年評定他們的勤務一次，再將其賞罰呈給皇上就行了，宰相對於所有瑣碎的小事不必一一干涉。我之所以看見牛氣喘吁吁要停車問明原因，是因爲現在正値初春，可是牛卻吐著舌頭氣喘不停，我擔心是不是陰陽不調；宰相的職責之一就是要順調陰陽，所以我才特地停下車詢問原因何在。」

隨從聽了才恍然大悟，紛紛稱讚宰相英明。

從這個故事可以看出，領導者要做的事是：第一是對大局的判斷和掌握，第二是調整團體的能力，第三是要讓屬下各盡所能，充分發揮他的才能。

另外一個例子是，陳平年輕時就協助劉邦打天下，可說是劉邦的重要參謀，對劉邦的霸業貢獻頗大，後來被漢文帝任命爲宰相。

有一天，文帝召見陳平和另一位宰相周勃，文帝首先問周勃：「你經手裁決的事件，一年約有多少件？」

周勃回答：「臣無能，對這件事不甚清楚。」

文帝又問：「那麼，國庫一年的收支大概有多少呢？」

周勃仍然答不出來，以至於汗流浹背。

接著，漢文帝又問陳平同樣的話題，陳平回答：「關於這些問題，我必須詢問負責的人才知道。」

文帝又問：「誰是負責人呢？」

陳平回答：「裁判事件的負責人是司法大臣，國庫收支的負責人是財政大臣。」

文帝步步緊逼：「倘若所有職務都各有所司，那麼宰相又要做什麼呢？」

陳平依舊不慌不忙地回答：「宰相要使百姓各得其所，對外須鎮撫四方的蠻族與諸侯，對內則要督促所有官吏做好份內工作。」

文帝聽完這番話，不由得點頭稱是。

不久周勃引咎辭職，此後便由陳平一人獨攬宰相大任。他一貫的作風，正如他自己告訴文帝的，是針對每個人的才能賦予他應做的工作，自己則善盡督導的責任。後來，陳平因指揮得宜，被後世譽爲名相。

從陳平的行爲可以看出，領導者不必事必躬親，而是該放手的就要放手，要能妥善安排、協調每位屬下的工作，使他們能各盡所能、各安其職，這樣整個組織就會像一台機器般不停地運轉。

領導者若是對任何事都親力親爲，那不僅使自己疲於奔命，而且也不會得到好效果。例如，諸葛亮爲報答劉備的知遇之恩，爲完成先帝託孤的重任，他「寢不安席，食不甘味」、「政事無巨細，咸決於亮」，終於積勞成疾。

由此可見，領導者若是把任何事情都包攬在自己身上，不僅終日忙碌不堪，還會嚴重損傷屬下的工作熱情；在這種情況下，下屬就會很消極被動地工作，甚至有些事本來能做得好，也可能因沒有積極性與主動性而辦得很糟。

所以，只有將職責妥善分配，使每位屬下都能各司其職，領導者才能空出時間和精力去規劃全局、處理大事，也才能創造佳績。

事不躬親才不會被瑣事所困

事不躬親的領導方式能使領導者有時間和精力去思考大問題，不會讓自己被瑣事所困，因而在處理眾多繁雜事項時迷失了前進的方向。

山姆．托伊曾說：「一個領導者必須懂得製造部屬之間的恐怖平衡關係。」因爲，如此一來你才能讓所有部屬在相互競爭、彼此牽制的情況下竭盡自己所能，你也才能讓自己成爲這場競爭中，最後拍板定案的決策者，而不至於被瑣事困住，或被部屬牽著鼻子走。

只要你了解自己的優缺點，知道自己奮鬥的方向，需要什麼助力補強自己，自然就能對自己充滿信心，自然就能交互運用各種領導訣竅。

領導藝術是門大學問，要達到「治之至」是有門道的。

《呂氏春秋李賢傳》中提出兩個方法：一是事不躬親，一是事必躬親。宓子賤和巫馬期先後治理單父。宓子賤治理時，每天在堂上靜坐彈琴，也沒見他做什麼，就把單父就治理得相當不錯；巫馬期則是披星戴月、早出晚歸，親自處理各項政務，也將單父治理得不錯。

這兩種方法孰優孰劣，古人也有評論，認爲事不躬親是「古之能爲君者」的做法，它「系於論人，而佚於官事」，是「得其經也」；至於事必躬親是「不能爲君者」的做法，它「傷形費神愁心勞耳目」，是「不知要故也」。

前者是使用人才，讓屬下各司其職；後者則是使用自身心力，傷力而治。使用人才，當然可「逸四肢、全耳目、平心氣，而百官以治」；使用力氣則不然，「弊生事精，勞手足，煩教詔」，當然會非常辛苦。

古人的這套說法到今天仍有深遠意義，值得我們深思。凡有上級與下級、用人者與被用者關係存在的地方，就有領導與被領導的關係；而身爲領導者，就要有效地實施事不躬親的領導藝術。

不過，領導者首先要明白，事不躬親不是放手不管、拱手讓權，這樣只會使自己被取而代之，喪失領導地位。

像明代萬曆皇帝朱翊鈞就是拱手讓權，他在位四十八年，親政三十八年，但竟有二十五年躲在深宮之內，完全不理國事，連宰相也見不到他，這不是事不躬親，是放棄「領導」的責任，任屬下胡搞。

另一位明朝皇帝熹宗朱由校，終日沉浸在自己的嗜好中，夢想當一個優秀的木工和漆匠，整天在蓋房子、造傢俱、塗油漆，完全不理政事。

後來的歷史事實證明，在這兩位皇帝在位期間，果真是天下大亂、民不聊生。因此，領導者雖要事不躬親，但絕對不能放任不管。

其次，領導者要能提綱挈領、抓緊大事，如制定軍事戰略方針、作戰計劃，是軍事統帥的大事；企業的發展方向、產品質種類的發展，是企業的大事。不同的領導者只有抓住這些不同的大事，才能做到綱舉目張。

在第二次世界大戰時，擔任英軍統帥的名將蒙哥馬利就提出過這樣的主張：「身為高級指揮官的人，切不可身必躬親，過分干涉細節的問題，而是要將心力與時間放在思考重大問題上。」

他認為，在激戰中，指揮官一定要能隨時冷靜思考怎樣才能擊敗敵人，至於有關戰局的要務則視而不見；若是對影響戰局不大的瑣事細節事必躬親，這種本末倒置的作風必將使幕僚們無所適從、進退失據。

事不躬親的領導方式能使領導者有更多時間和精力去思考大問題，不致於讓自己被瑣事所困，因而在處理眾多繁雜事項時迷失了前進的方向，或像諸葛亮般操勞過度而積勞成疾。

所以，高明的領導者都懂得事不躬親的道理，只處理大事，而將小事全權交給屬下，這樣既能發揮屬下的能力，也能省下自己的心力，眞可謂一舉兩得啊！

論功行賞，別論「情」行賞

升遷、懲罰屬下時，應以屬下的功勞、過錯為據，而非依個人好惡或遠近親疏為據，如此才能使屬下努力向上，使人才得到充分的發揮。

古人曾說：「賞當其勞，無功者自退；罰當其罪，為惡者戒懼。故知賞罰不可輕行，用人彌須慎擇。」

既然，「賞罰不可輕行」，就必須慎重其事，而慎重其事最重要的一點，就是「賞罰據實」，亦即「賞當其勞」、「罰當其罪」。只有依據事實，才能決定是否賞罰，也唯有如此，才能服人服衆。但要做到「據實」，必須注意賞罰根據的唯一性。

行賞的唯一根據是功，行罰的唯一根據是罪，除此以外，沒有任何理由可以當作賞罰的根據。韓非在論述領導者施行賞罰之時就曾說：「計功而行賞」、「賞不加於無功，罰不加於無罪」，強調賞既不可以「恩進」，也不可「巧賜」；罰既不可「由怒」，也不可「禍連」。

在明代，張居正也曾建議皇帝：「臣願皇上慎重名器，愛惜爵賞……有功於國家，即千金之賞，通侯之印，亦不宜吝；無功國家，雖頻笑之微，敝褲之賤，亦勿輕予」，更進一步強調了賞罰根據的唯一性，就是是否「有功」。

另外在唐代，唐太宗李世民在一次論功行賞後，淮安王李神通自以爲功勞最大，又是皇上堂叔，因此對自己的封賞憤恨不平，極不滿足，大聲說道：「當關西起兵、傾覆隋朝時，臣首先舉兵回應。多年來，臣跟隨陛下出生入死，戎馬倥傯、蕩平天下，功勞如何？可是定勳封爵時，卻把只會舞文弄墨的房玄齡、杜如晦置我之上，臣實不解其故。」

唐太宗聽了李神通這番咄咄逼人的話後，毫不客氣地說：「反隋義旗初舉時，叔父你首先起兵回應，但是在山東與竇建德交戰時，你卻望風而逃、連連敗北，幾乎全軍覆沒。若非房玄齡、杜如晦等人運籌帷幄，提出平定天下之策，朕又怎能平定天下？所以今日論功行賞，他們當然要居叔父之先，叔父又怎能因功微而得高位？朕怎敢以私情而濫賞？」

百官聽後，都心悅誠服，李神通也無言以對。

唐太宗對功臣進行封賞之後，回到後宮。這時，有幾個近衛侍臣未得官職，紛紛跪倒在地，悽楚地說：「當年陛下為秦王，我等忠心侍奉。今日天下已定，陛下怎將我等忘在腦後呢？」

唐太宗仰天長歎道：「你們侍奉我多年，幾經生死，朕當不忘。但為君辦事，應當公道，朕封賞官爵，皆量官而授。如果你們憑藉秦府舊屬的身分索取官爵，實不體面！朕也不敢以遠近親疏、個人恩怨將官爵私自饋贈，請諸位體諒。」

這幾個人聽罷，皆自慚形穢，索然而退。

由此可見，明智的君主皆以功勞、罪行為據，慎行封賞處罰。同理，企業領導者在升遷、懲罰屬下時，也應以屬下的功勞、過錯為根據，而非依個人好惡或遠近親疏為據，只有如此，才能使屬下各個努力向上，使人才得到充分的發揮，企業也才能得到最大的利益。

有高明的手腕，才能避免屬下造反

一位高明的領導者得兼有鐵血的作風與懷柔的手腕，這樣才能樹立領導者的權威，並得到屬下的愛戴。

對於難以對付的人才或難以處理的矛盾，領導者要用一些特殊而靈活的手段，也要對症下藥，才能制服衆人。

在這方面，北宋開國皇帝趙匡胤的鐵血作風與懷柔手腕頗值得探討。

宋太祖趙匡胤即位後，對禁軍和中央與地方官僚體制進行了一番改革，之後又花費了很大的精力來訓練部隊和整肅軍紀。至於他的治軍方法，可概括爲八個字：責之既嚴，待之亦優。

趙匡胤親自爲禁軍挑選了部分兵員，這些士兵個個身強力壯、技藝高強；又針對五代以來軍隊中「兵驕而逐帥」的惡習，親自督率禁軍訓練。

從宋太祖建隆三年開始，趙匡胤便常在講武殿上校閱禁兵，並從中挑選優秀士兵加以重用。此外，趙匡胤還對禁軍實施了「更戍法」，讓禁軍輪流外出戍守，期限一、二年，至多不超過三年，這不僅僅是要造成「兵無常帥、帥無常師」、「兵不知將，將不知兵」的局面，而且也是鍛鍊士卒身體素質的重要方法。

不僅如此，趙匡胤認為京城軍隊的糧秣領取，也是鍛鍊部隊的一種手段，所以下令駐紮在城東的部隊必須到城西去領糧，反之也一樣，因而兵士們領一趟糧草，就要來回跑幾十里路。

這些名目繁多的「科目」，都是爲了鍛鍊士卒吃苦耐勞的精神，以免驕惰。對有觸犯軍紀的士兵，趙匡胤實行了嚴酷無情的處罰，即便是爲將者也不能倖免。例如宋朝開寶四年，禁軍不滿御馬軍士每人多領五千錢，因而聚衆喧嘩，趙匡胤當場下令斬首四十多人，軍官都受到杖責。而宋朝建隆元年，將軍罕儒遭北漢軍襲擊，尤捷指揮石進德坐視不救，致使罕儒全軍覆沒，趙匡胤因此將石進德軍中的二十九員將領全部處以死刑。

對於侵犯百姓的軍人，宋太祖的處罰更重，每次大軍出征時，他都會告誡將領不要毆掠吏民，焚燒廬舍。某次禁軍中的士卒，光天化日之下搶人妻女，趙匡胤聞訊後大怒，立斬一百多人，而有個叫閻承翰的官員知情不報，也挨了幾十大板。

不過，趙匡胤在施行嚴酷的處罰時，還實行懷柔策略。趙匡胤有一句名言：「朕今撫養士卒，固不吝惜爵賞，若犯吾法，唯有劍耳。」

他對有功及忠誠的將士不惜以重金大加獎賞，予以擢升，甚至一些優秀的軍校可直接升為團練使。此外，每次閱武，若發現武藝高強的便提拔他；若是出外戍邊的將士，還能增加月俸，並受到趙匡胤親自接見，設宴慰問。

趙匡胤的「責之既嚴，待之亦優」的治軍方略取得了極大的成功。在諸侯混戰的五代十國末期，他領導的禁軍都能齊整威武、所向披靡，由此可見趙匡胤治軍方略的成效之大，甚至連敵將也對他佩服得五體投地。

由趙匡胤成功的例子可知，一位高明的領導者得兼有鐵血的作風與懷柔的手腕，這樣才能樹立領導者的權威，並得到屬下的愛戴。

論功行賞也要有容人的雅量

無論政壇還是商場，領導者都要能有容納不同意見的雅量，這樣才能吸引人才投靠、才能使屬下盡心盡力，也才能造就出豐功偉業。

楚漢相爭結束後，天下已定，各個功臣翹首以待，希望能得到封賞，甚至有人已迫不及待地在爭論功勞大小了。

封賞之後，結果是文臣優於武將，這使許多武將相當不服，尤其是對蕭何的爵位最高、食邑最多最爲不滿。

於是，他們不約而同地對劉邦提出質疑：「臣等披堅執銳，親臨戰場，多則百餘戰，少則數十戰，歷經九死一生，才得受賞得賜。但蕭何並無汗馬功勞，徒弄文墨、安坐議論，爲何封賞最多？」

聽到武將們的抗議，劉邦說：「諸位都打過獵吧！追殺獵物得靠獵狗，但給狗下指令的是獵人；諸位攻城克敵，功勞與獵狗相似，不過蕭何卻能給獵狗發號施令，正與獵人相當。更何況蕭何是整個家族都跟隨我起兵，諸位跟從我的能有幾個族人？所以我要重賞蕭何，諸位不要再疑神疑鬼了。」

聽完此言，衆臣雖仍私下議論紛紛，但畢竟與蕭何無仇，也就不再追究此事。

過了不久，劉邦某天在洛陽南宮邊散步，卻見一群武將在宮內不遠的水池邊交頭接耳，像是在議論著什麼。

劉邦非常奇怪，便把張良找來問說：「你知道他們在幹什麼嗎？」

張良毫不遲疑地回答：「那是要聚衆謀反！」

劉邦聽了大驚：「爲何要謀反呢？」

張良仍平靜地說：「陛下從身爲一個百姓起兵抗秦，到與衆將共取天下，現在所封的都是從前的老朋友和自家親族，所誅殺的都是自己痛恨的人，這怎麼不令人望而生畏呢？衆將領朝不保夕、患得患失，當然要聚衆謀反了。」

劉邦緊張地問：「那該怎麼辦呢？」

張良想了想說：「陛下在衆將中最痛恨誰呢？」

劉邦說：「我最恨的就是雍齒。我起兵時，他無故降魏，以後又自魏降趙，再自趙降張耳。張耳投我之時，我才收容了他。只是現在滅楚不久，我又不便無故殺他，想來實在可恨。」

張良一聽，立即說：「好！那立即將他封侯，這樣才可解除人心浮動的情況。」

劉邦對張良極爲信任，對張良的話沒有任何懷疑，相信張良會這麼建議是有道理的。所以，幾天之後，劉邦特意在南宮設酒宴招待群臣，並在宴席快散時下令：「封雍齒爲甚邡侯。」

雍齒真不敢相信自己的耳朵，當他確信真有其事後，慌忙上前拜謝。雍齒封侯之事非同小可，那些未被封侯的將吏都和雍齒一樣高興，人人都喜出望外地說：「連雍齒都能封侯，那我們還有什麼好擔心的呢？」

君臣間的矛盾也就這麼化解了。

論功行賞本是件好事，但每次論功行賞不可能都面面俱到，結果總是一部分人滿心歡喜，一部分人心灰意冷，若是弄得不好，甚至還會出現一些意想不到的副作用，因而本來是件好事，到頭來卻沒有得到好的效果。

像劉邦在論功行賞後，出現了不少矛盾與反對聲浪，幸而他能接納張良的意見，能以寬容爲懷，化解矛盾，所以才能安撫人心、穩定情勢。

《詩經》說：「百川入海，有容乃大。」意思是說，千百條河流之所以能流入大海，是因爲大海有兼收並蓄的寬大胸懷。無論古今，無論政壇還是商場，領導者都要能有容納不同意見的雅量，這樣才能吸引人才投靠，才能使屬下盡心盡力，也才能造就出豐功偉業。

信任下屬是合作的基礎

若能信賴彼此，自會提高整體士氣與效率，上司對下屬的信賴更是彼此溝通的基礎，而下屬能被上司信任，做起事來當然幹勁十足。

若是缺乏誠信，人與人之間的關係將無法維繫，相同的，若是領導者不信任屬下，那麼領導者不論大小事務都得親力親爲，下屬也會因不被信任，心理上產生一種消極的反應。況且，身爲領導者如果不信任屬下，自然得不到屬下的信任，當然就無法管理整個組織。

因此，領導應當信任屬下，並且要讓下屬知道你相信他們能圓滿完成任務。

唐太宗是歷代歷史學家所稱讚的明君，他就對臣子非常信任。像大將李靖曾是隋朝的將領，李淵攻克長安後，打算將李靖斬首示衆，但李世民則認爲李靖是個賢能之士，就從李淵那將他保釋出來，還加以重用；李靖為感謝唐太宗的知遇之恩，為唐朝立下不少汗馬功勞。

正是由於唐太宗用人不疑，才出現「貞觀之治」的繁榮景象。

同樣的道理，在現代工作場合中，若能信賴彼此，自然會提高整體士氣與效率，尤其是上司對下屬的信賴更是彼此相互溝通的基礎，而下屬能被上司信任，做起事來當然幹勁十足。

因此，身為領導者，要學會縮短與下屬間的距離，當下屬的朋友，讓下屬在融洽的環境中工作，保持心情愉快，從而達到事半功倍的效果。

工作如果順利，員工心中就會覺得愉快，不知不覺中也提高了工作效率；相反的，工作如果不能按理想中的模式進行，員工心中必然會產生一種失落感，工作效率也會不斷低落。

有不少管理者只知從大處著眼，僅關心大問題，對小事件毫不關心，卻不知越是細節才越會引發問題，員工正是會因為某些小事而影響工作效率。

因此，主管人員應保證準備工作能及時完成，使整日的工作情況不受影響，避免延誤工作程序，如果這方面管理不當，員工的工作意願就不會提高，這些細節都是管理人員必須注意的。

如此一來，不僅能保證日常工作順利進行，更樹立了管理者可信賴、做事可靠的形象，增進了管理者與員工之間的信任。

相反的，如果領導人做事毛躁、丟三落四，認爲這些小問題無關痛癢，對員工不聞不問，那不僅會造成工作進度落後，工作效率不高，員工也會因爲有這樣的一位領導者而降低積極性。

信任是合作的基石，因此領導者和員工要相互信任，彼此精誠合作，如此企業自然會興旺、發達。

小處謹慎是獲得成功的不二法門

偉大的領導者從不把任何榮譽據為己有，而是與屬下分享，因為這樣做更能鼓舞屬下的積極性，屬下也才會願意為領導者賣命工作。

不尊重別人感受與立場的領導人，不管擁有如何高深的學識，最終只會引起部屬的討厭與嫌惡，很難達到有效溝通的目的。

領導統御的藝術，其實就是態度上的不卑不亢。

與部屬互動的同時，運用各種技巧，表達出冷靜、理智且流露尊重對方立場的態度，無形之中就會讓彼此之間的交流愈來愈順暢。

人生不如意之事十常八九，所以領導工作也可能會出現失敗的時候，儘管失敗不是我們所願，卻也很難避免它，唯一的辦法就是事前先摸清哪些問題、態度、習慣容易導致失敗，並儘量避免它們，如此才能把失敗率降到最低。

以下就是領導者該小心避免的事項：

・缺乏詳細的資料

高效的領導需掌握詳細的資料並具備組織的能力。一個領導者不能用「太忙」作藉口逃避應做的事情，當承認了「太忙」而無法改變計劃去應付緊急事件時，等於就是承認了自己的無能。

成功的領導者應該隨時掌握詳盡的資料，以應付任何突發狀況的發生。

・害怕競爭

競爭是很正常的事，要是只擔心地位被別人取代而不去努力，那麼地位被他人取代就會是遲早的事。

卓越的領導者懂得訓練自己的接班人，並把某些瑣碎的事交給屬下去做，唯有如此，領導者才有時間去吸收新知、加強自己的能力，也才能領導整個組織前進。

•自私自利

領導者將屬下的成就據爲己有時，必然會遭到屬下的不滿與抗議，最終必會導致衆叛親離的下場。

因此，優秀的領導者從不把任何榮譽據爲己有，而是與屬下分享，因爲這樣做更能鼓舞屬下的積極性，屬下也才會願意爲領導者賣命工作。

•欠缺誠信

不管在商場上或工作場合，誠信都是一切事物的根本，特別是對領導整個組織與衆多追隨者的領導者而言，誠信更是必備的條件。

若是領導者欠缺誠信，就不可能長久待在領導地位上，這是因爲沒有誠信的領導者無法受到屬下信賴與尊重，自然會遭到淘汰。

•過分注重頭銜

稱職的領導者不是依靠頭銜來得到屬下的尊重，而應透過優異的工作與領導能力來獲得屬下的敬佩與愛戴。

領導者若總是以自己的頭銜、地位威嚇屬下服從指示，必定無法得到下屬支持；何況，領導者若花費大量精力在維護頭銜這件事上，自然無法將其他事情辦好，離下台之日恐怕不遠。

以上這五點是失敗的領導者常犯的錯誤，想要成爲卓越的領導人，就應該小心避免重蹈覆轍。雖然這幾件事從表面上看來都只是小事，但若不能在小處多加注意和預防，這些小事往往就會變成大災難了，領導者不可不愼！

以德服人，才能贏得人心

領導者的一言一行都是屬下關心的焦點和效仿的榜樣，而且唯有以德服人的領導方式，才能夠長久處在領導地位上。

領導者的才能不是天生的，通常是培養出來的。要想成功，就得努力成爲一名優秀的領導者，想要成爲優秀的領導者，就應遵守以下這幾大原則。

●讓調查和科學研究獨立

不可用任何行政手段干擾調查和研究，這樣根據客觀情況做出的結論才有參考價值。領導者不能先下結論，然後再調查「事實」，或引證「科學道理」去證明這個「結論」，這種決策方式實際上是自欺欺人的。

一九四四年時，美國著名的管理學者彼得．杜拉克受聘擔任通用汽車公司的管理政策顧問。他第一天上班時，公司執行長就對他說：「我不知道我們要找你做什麼研究，要你寫什麼，也不知道會得到什麼結果，這一切都是你的任務。我唯一的要求，是希望你將你認為正確的東西寫出來，不必考慮我們會怎麼反應，也不必怕我們不同意，更無須為了迎合我們而改變你的建議。」

這一席話是值得每個領導人認眞深思的，唯有獨立地調查、分析、研究，才能為領導的決策提供科學的依據，這樣的調查與研究也才有價值可言。

•給智囊團充分的授權

二十世紀最偉大的成功學大師卡耐基曾說：「當一個人意識到他請別人協助他一起工作，效果比他單獨工作要好時，他便是向前邁進了一大步。」

協助領導工作的智囊團與秘書是完全不同的。秘書的工作是以領會、貫徹領導者的指示為主，而智囊團則獨立地提出自己的意見給領導者參考，提出意見的優劣是評價他們工作的標準。

領導者可以採納，也可不採納智囊團的意見，但無論意見是否被採納，那些獨到的見解對決策都是很有幫助的。整體而言，若有三分之一的意見被採納，就代表這個智囊團是相當成功的。

但是，如果領導者百分之百採納智囊團的意見，就說明這個領導者能力不足，是很危險的。因為智囊團的意見可能有對也有錯，完全依賴智囊團的領導者，絕對不是個好的領導者，而是一種失職。

●獎賞屬下的勞動

人的一切行為都是為了追求利益。屬下也是在現實社會中生活的人，有各式各樣的需要，其中當然也包括物質上的需要。

當屬下運用智慧為決策者做出貢獻時，領導者應當對他們的成績給予充分的肯定和讚揚，同時還應給予適當的物質報酬。

企業就好比是個大家庭，員工是家庭中的一份子。他們對家庭做出的貢獻理應得到應有的回報，而這種回報必須按貢獻的大小來決定。

員工養活了整個公司，公司應感謝他們，現代領導者應該要有一個新觀念：「不是你在養活屬下，而是屬下透過工作來養活你，為你創造財富。」

所以，一位現代領導者應當想辦法激發屬下的積極性，並給予合理的報酬，與屬下分享彼此共同創造的財富。

‧用幽默輕鬆溝通

在與人交往中，詼諧、幽默的談吐常是討人喜歡並使別人樂意交往的一個原因，因此領導者如果能注意自己說話的技巧，就能使屬下在輕鬆和諧的氣氛中完成工作，並和屬下保持融洽的關係，大大提高了自己的影響力。

此外，幽默的語言還可以減少上下級之間的摩擦，化干戈爲玉帛。

‧勇於解決問題

麥當勞公司一度出現財務虧損的情況，公司總裁克羅克因而親自到分公司各部門視察，發現各部門的經理都喜歡坐在椅子上發號施令。於是，克羅指示鋸掉所有經理的椅背，以此促使他們深入思考問題，並且設法解決問題。

這一招很快就發生作用，各分公司的經營狀況獲得了巨大的改善。

以上是每位領導人都應遵守的原則。領導者一定要記住，領導者的一言一行都是屬下關心的焦點和效仿的榜樣，而且唯有身體力行、以德服人的領導方式，才能夠長久處在領導地位上。

因此，領導者要有嚴以律己、寬以待人的品格，才能使屬下產生敬愛、欽佩的心理，屬下也才會死心塌地地追隨著領導者，爲領導者賣命工作，整體組織也才可能有更美好的發展。

下了命令就要徹底執行

領導者賞罰分明、態度公正、規則明確，那麼底下的人也很清楚知道自己該做什麼，以及該怎麼做。

明代教育家呂坤曾經寫過《小兒語》、《續小兒語》等書，都是很好的教養手冊。他曾經在《續小兒語》中寫過這麼一段文字，勸勉孩童做事不可馬虎毛躁，他說：「大凡做一件事，就要當一件事。若還苟且粗疏，定不成一件事。」

一個人能不能成功，可以從他做事的態度裡看出來，對於自己的事業認眞，別人就不致於會小覷你。反之，如果自己都表現得可有可無、隨隨便便，那麼誰會認眞地把你當一回事呢？

所以，想要成功，有一個重要的要素就是，你得表現出你的決心來。

春秋末年著名軍事家孫武，著有《孫子兵法》這冊總結戰爭經驗與軍事理論的兵書。吳王看了他的兵書十分欣賞，特地召他進宮，問他：「你寫的兵書我都看過了，不知能不能用宮中的女子來照章操練呢？」

吳王擺明了要考試，看看孫武是不是眞如傳言中那麼厲害。

孫武二話不說，就回答道：「可以。」

於是，吳王把宮裡一百八十名女子集合起來交給孫武指揮，裡頭也有宮女，也有嬪妃，一票女人嬉嬉笑笑好不熱鬧。

孫武直接把她們分成兩隊，然後命吳王兩個最寵愛的嬪妃各拿一支戟，擔任隊長，而後對一干女眷下令：「我叫前，妳們就看前面，叫左就看左手，叫右就看右手，叫後就看背後。」

交代清楚後，孫武即命令設下一套名叫鈇鉞的刑具，然後便擊鼓傳令。誰知，那些女子聽到命令，竟像玩遊戲一樣哈哈大笑。

孫武原本以爲是自己沒有把命令交代清楚，於是又把號令再三說明，再度傳令。誰知那些女子仍當做是在遊戲，非但不聽號令，依舊嘻嘻哈哈。這一下，孫子再也不原諒她們，下令將兩個隊長殺頭示衆。

吳王一見要斬自己的寵姬，就叫人傳令來求情，誰知孫武根本不爲所動，仍然堅決將那兩名嬪妃斬首。隨後，另外指定兩個隊長，重新擊鼓傳令。這下子，隊伍中就再也沒人敢違抗命令，全部按照號令整齊地操練起來。

雖然吳王的寵姬被斬，但當他看到平日嬌生慣養的宮女都被孫武訓練得服服貼貼，明白孫武確實很有用兵的才能，便從此重用他，並使吳國成爲春秋時的強國。

帶兵特別注重軍令如山，士兵對爲上級所下達的指令必定要絕對服從，否則部隊猶如多頭馬車，將無所適從。

法家主流韓非子說過：「誠有功則雖疏賤必賞，誠有過則雖近愛必誅。」強調唯有賞罰分明，以絕對公正和認眞來對待，才能讓衆人信服。

孫武受到吳王的命令訓練後宮妃嬪，但是古代未曾有過女子從軍，所以所有女子都不把它當一回事而不停嬉笑，孫武見嬪妃們屢勸不聽，決定殺雞儆猴，即使吳王親自求情也沒用。

軍令即下，就必須遵從，若有例外，將來如何服人？軍隊是爲戰爭需求而設立的，關係到的是無數人的生死，當然不可玩笑。吳王自然知道這層道理，因而重用了孫武，將吳國的軍隊整治得十分壯大，成爲謀圖霸業的一大利器。

身爲領導者，若想要帶領整個團隊往前衝刺，首先要能以身作則，表現出個人的決心與毅力，那麼團隊裡的份子便能有樣可學，進而追隨；領導者賞罰分明、態度公正、規則明確，那麼底下的人也很清楚知道自己該做什麼，以及該怎麼做。

如此一來，每個人嚴守分際，在自己的位置上發揮最大效用，那麼整個團隊便能同心齊力，無事不能成。

恕小惡換得誓死相報

一個人必須容人所不能容，忍人所不能忍，恕人所不不能恕，忘人所不能忘，才能成人所不能成，達人所不能達，為人所不能為。

有人認爲：「寬恕是一種比較文明的責罰」，但只有在有權力責罰卻不責罰的時候，才是一種寬恕；只有在有能力報復卻不報復的時候，才是一種寬容。

領導者任用人才的一大重點，就是要有這種寬恕、寬容的品德。

要預測一個人的成就大小，就該以是否能寬恕、寬容的標準去衡量他。只有寬恕，才能對人寬容；只有對人寬容，才能掌管人、使用人；只有能掌管人、使用人的人，才能成就偉大的事業。

「以恨報怨，怨恨就無窮盡；以德報怨，怨恨就會化解。」這是佛經的要旨，更領導者用人的準則。

戰國時代，楚莊王親自統率大軍出外討伐，結果大獲全勝。為了慶祝勝利，莊王在漸台宴請群臣，慶功宴從早上一直辦到日落西山，可是莊王及群臣仍然意猶未盡，遂命僕侍點起蠟燭，舉辦夜宴，又命寵妃許姬斟酒助興。

正當眾人喝得酩酊大醉時，忽然颳來一陣大風，將蠟燭都吹滅了。黑暗中，一個人趁著酒意，竟然拉住許姬的衣袖。

許姬十分惱怒，又不便聲張，不過，她相當機警地扯斷了那人帽子上的纓帶，那人才驚慌地離開。之後，許姬走到楚莊王跟前，附耳稟報實情，並請莊王嚴加查辦那個色膽包天之人。

楚莊王聽罷，沉吟片刻，吩咐左右先不要點燈，然後又命令眾人扯下帽帶、摘下帽子，盡情暢飲。於是，群臣紛紛扯下纓帶、摘下帽子，這時莊王才命人掌燈點燭，在燭光下，已無法辨認誰的纓帶被扯斷了。

楚莊王就像這件事未曾發生過一樣，與眾人痛飲至深夜方休，而且從此以後，再也沒有提起這件事。

幾年之後，楚莊王出兵攻打晉國，命襄老爲全軍統帥。

襄老回到營地後，召集屬下商討策略，這時，他的部將唐狡請命，願爲大軍開道，不獲全勝誓不返營。唐狡只帶幾百名親兵，連夜奔襲而去，由於唐狡驍勇善戰，晉軍被殺得落荒而逃。

在戰後的慶功宴上，楚莊王召見唐狡，並當衆加倍賞賜，但唐狡連忙跪下說：「臣已經得到陛下很豐厚的賞賜了，哪敢再領賞呢？」

楚莊王驚訝道：「寡人並不認識你，怎麼說受過我的賞賜呢？」

唐狡愧色滿面，低聲謝罪：「在絕纓夜宴上，抓住許姬衣袖的就是我。陛下不追究我的罪責，令我非常感激。我沒有一天忘記此事，所以這一次我主動領軍進攻，是準備以死相報。」

在場的大臣聽了，這才了解爲什麼當時莊王命人們解纓摘帽，對莊王的做法更是非常欽佩。襄老不禁讚歎道：「倘若當初君王不能容人之過、寬恕別人，又怎能得到唐狡拚力死戰呢？」

一個人必須容人所不能容，忍人所不能忍，恕人所不不能恕，忘人所不能忘，才能成人所不能成，達人所不能達，爲人所不能爲。

所以，身爲領導者，要想做大事，就要先有大量；要想獲得人才的幫助，就要先有容納人才的大度。

當然，領導者也不能過度強調人性的光明面，而對部屬不加以防範。因爲，人性並不完美，因此如果你的眼中看見的都是正人君子，那麼，就註定你要因爲自己不長眼睛而遭殃。

這個世界是善良的人和卑鄙的人共存的，因此，採取任何決定之前都要先問問自己爲什麼要如此做，想達成的目的又是什麼。

PART 5

懂得溝通，才會成功

有些人總想展現自己的權威，
但這種強制員工合作和尊重自己的行為，
可能會引火焚身，造成很大的麻煩。

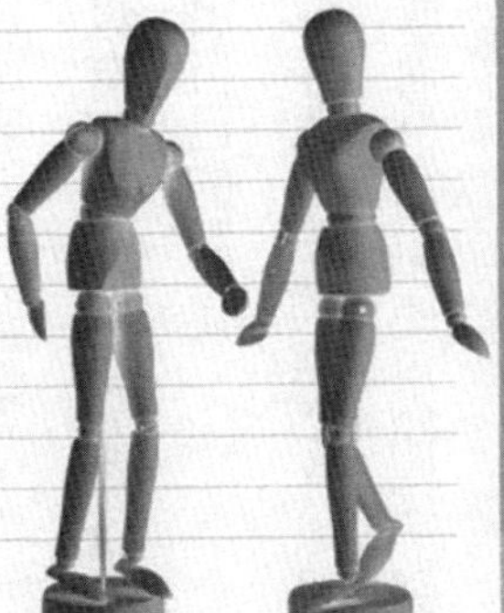

「聽話」也是一種領導技巧

傾聽既是一種領導技巧，更是一種人格魅力的展現，不論是在商場上的業務往來、辦公室的人際關係，都會有極大的幫助。

很多領導人都曾有過這樣的經驗，當說話說得過多時，就很容易把自己不想說或不該說的秘密說出來，對自己或他人造成不良的影響。

在商場上要特別留意這一點，所以有經驗的商人在與客戶談判時，總會先把自己的底牌藏起來，在適當的時候才打出自己的牌。

《聖經》說：「上帝賜給我們兩個耳朵、一個嘴巴，就是要我們少說多聽。」

了解了傾聽的好處後，再來就是要懂得如何使用傾聽的技巧。一般而言，要掌握傾聽技巧大致上有幾個基本要領：

‧集中注意力去聽

如果你的時間有限，或因某種原因不想聽某人說話時，最好是在一開始時就非常客氣地提出來，說明自己還有別的事必須要做，切記不要不願意聽又勉強自己去聽或是假裝在傾聽。

因爲，這種心態是逃脫不了說話人的眼睛，說話者反而會因你的不專心和沒誠意，對你產生極大的不滿。

‧聽話之時要有耐心

要耐心地讓說話者把說話完，直到你聽懂他所有的意思。如果他的表達方式有些混亂，你更要發揮你的耐心，讓他把想要表達的說明白。

要想達到傾聽的目的，就必須讓說話人把話說完，即使他的觀點你無法接受，甚至會傷害你的感情，你也要有耐心聽完。

● 避免不良習慣

人們在聽話時，常會有一些不良習慣，如在別人說話的時候插話打岔、改變說話人的思路和話題、任意評論和表態、一心二用……等等。這些習慣都非常不好，不但會妨礙我們傾聽別人的意見，更會讓說話人心生不滿，如此非但無法達到溝通的目的，反而容易不歡而散。

● 適時地進行鼓勵以及表示理解

一個好的傾聽者在傾聽的時候，應該保持安靜，臉朝向說話者，眼睛看著說話人的雙眼和手勢，這樣可以更容易理解說話人要表達的意思。

但光只有這樣還不夠，我們還要對說話者的說話內容適時並恰當地反應、鼓勵或表達理解之意。可以通過點頭和微笑之類的動作，或是「是」、「對」之類的簡短回應來表達你的理解和共鳴，讓對方知道你在認真地聽，並且知道你聽懂了。

當然，這種理解和鼓勵應該在聽懂的基礎上，如果你並未聽懂某句話，就應該要求說話人重複一遍或解釋一下，這樣說話者才能順利地說下去，而你也能夠聽懂，這樣才有達到交流的效果。

・要適時發問

適時發問的目的也是一種傾聽的技巧。在說話者的話告一段落時，做出一個聽懂對方談話的反應，可以給說話者極大的鼓舞，尤其是在你發問後，說話者的心會自然而然會靠近你。

既然如此，應該如何發問呢？可以這樣說：「你的意思是……」、「你是認爲……」等等，但要記住，發問時得儘量弄清楚說話者正確的意思，若是不準確的，反而會不利於自己。

傾聽既是一種領導技巧，更是一種人格魅力的展現。學會這種傾聽的技巧後，不論是在商場上的業務往來、辦公室的人際關係，都會有極大的幫助，不但能使你更輕易了解說話者的想法，確實達到溝通交流的目的，還能進而使對方容易接納你的觀點，是成功領導者必備的技巧之一。

贏得人心，必然可以成功

贏得人心的領導者，必然會贏得成功。領導者只要關心、尊重、理解屬下，適時提供發展的機遇，自然會換來屬下真誠的回報。

領導者想要贏得人心，就必須充滿自信。自信來自積極的自我訓練，其中最重要的是用人的方式。想讓屬下盡心盡力為自己做事，領導者就得懂得用人的藝術。一般而言，領導者在與屬下相處時應注意以下幾點：

• 關心、尊重、理解屬下

關心、尊重、理解屬下的言行，並為他們的發展提供機遇，使他們銘記領導者的知遇之恩，從而達到士為知己者死的目的。

例如，日本松下公司非常重視「創造產品的人」，把培育年輕優秀的人才視為公司的一項發展重心。公司把「訓練和職業發展」作為方針，對所有員工都進行培訓，尤其各部門負責人的培訓特別嚴格，每半年就會進行一次考核評價。

這樣不僅可以訓練員工的生產能力，還能培養出有營銷經驗的人才，這正是企業不斷發展的動力。

而且，松下公司不僅企業正常發展時如此，在經營受景氣衰退影響時也未放棄員工培訓。像松下公司在新加坡開設的分公司，業績曾一度下降，不過他們不但沒有裁員，還斥資三十萬日元對一千三百多名員工進行綜合培訓，不僅大大提高了員工的技術水準，還使員工與公司同舟共濟，建立了共患難的深厚感情。

贏得人心的領導者，必然會贏得成功。

因此，領導者只要關心、尊重、理解屬下，並適時為他們提供發展的機遇，自然會換來屬下真誠的回報。

•分權授權，相互信賴

所謂分權授權也就是大權集中、小權分散，把職務、權力、責任、目標四項分給適合的人，這才是正確的用人之道。「事必躬親」是傳統領導者的領導方法，現代領導人則要明其責、授其權。

管理學中有個理論是：「有責無權對員工來說，像活在地獄。」把權力授予敢於承擔責任的人，才是眞正的人盡其才，才能提高管理績效，也才是明智的領導者該做的決斷。

領導者既要信任屬下，讓他們放手工作，又要做到疑人不用，對能力勝過自己的人不要怕「功高蓋主」。

例如，鋼鐵大王安德魯．卡耐基本人對鋼鐵製造和生產流程所知不多，但他的屬下在這方面都是專家，因此他才會獲得事業成功，登上美國鋼鐵大王的寶座。

相反的，美國汽車大王亨利．福特的孫子福特三世剛愎自用、嫉賢妒能，不能忍受屬下「功高蓋主」，將爲公司立下汗馬功勞的人辭退，使得事業走下坡，因此福特三世到最後迫不得已把掌管了三十五年的經營大權，交給並非福特家族的菲利普．卡德威爾，「萬年福特王朝」也宣告結束了。

由此可見，要處理好上級與下級的關係，就必須做到用人不疑的原則。

•領導者應有寬容的胸懷

心胸寬闊是現代企業家應有的氣質。

寬宏大量的領導者首先應容忍屬下的不滿。「如果你想要有所建樹，就要準備承受責難。」假如你不相信這句話，那麼你永遠無法成爲傑出的領導者。

同時，屬下的抱怨和責難也能產生好效果，讓屬下講話可以從中得到更多的資訊，從而知道自己的不足之處，並有利於你瞭解屬下。

美國《中小企業人事管理二十四條》中寫道：「記住，如果沒有不滿，就不會有進步。」說明了要是屬下全都對你大加吹捧，你的領導必定會出問題。

領導者的寬容還表現在對屬下錯誤的容忍上，美國有些公司，領導者不僅容忍屬下的缺點和錯誤，還鼓勵屬下勇於犯「合理性錯誤」；在這些公司，不犯合理性錯誤的人常常是不受歡迎的。

所謂「合理性錯誤」是指在「經濟戰爭」中，對於擔有一定風險的經營決策所產生的失誤，或是因對手太強、條件不足或配合不夠而造成的錯誤。

某些有成就的企業家認爲，員工要是在一年中沒犯過「合理性錯誤」，那就說明他缺乏創造性，心理素質和工作能力都有問題，不會有所成就，而且一個害怕冒險的人在競爭中喪失的機會也一定也很多。

合理鼓勵失敗對企業管理有許多優點：

1.領導者要是容忍合理的錯誤、失敗，屬下會將其視為「大度」，而心胸寬闊的領導者最易建立威信。

2.領導者非但不追究屬下的失敗，反而給予適當的鼓勵，會營造出和諧的精神環境，屬下的主動意識會加強。

3.若領導者能容忍失誤，那屬下犯錯時自然無須顧忌、不必隱瞞，這種態度可以迅速找到失敗的原因，利於解決問題。

日本「最佳」電器株式會社的社長北田先生，爲了讓員工能更好地進行自我約束，設計了一套「金魚缸」式的管理方法。

他說：「員工的眼睛是雪亮的，老闆的一舉一動、一言一行，員工全都會看在眼裡。因此，要是領導者自己都偷懶怠惰、以權謀私，又怎麼能要求員工們努力工作、操守清廉呢？」

金魚缸是用玻璃做的，不論從哪個方向觀察，裡面的東西都一清二楚，因此所謂的「金魚缸」管理方式，實際上就是指管理的「透明化」，而透明化就是指讓自己的行爲置於衆人的監督之下，這樣會有效地防止特權產生的情況。

站在別人的立場溝通想法

「用我們想去影響的人的立場來看」是最有效的溝通辦法；相反的，若是只顧著傳達自己的意見，卻不考慮對方的立場，那結果必定很糟。

領導者的職務除了規劃組織整體的發展方向外，最重要的是要能激勵屬下的積極性，並讓他們心甘情願地遵從自己指示，透過團隊合作的方式來實現計劃。

要使屬下按照自己希望的方式去做，最佳方法就是要多與那些自己想影響的人交換看法，而且要用對方能接受、能聽得懂的方式來表達自己的意見，如此才能達到溝通的效果，領導者也才能發揮自身的影響力。

事實上，在各個領域的溝通上，都必須要注意這一點，否則即便花再多心力都是徒勞無功，以下這些事例正可印證此點。

伍茲先生在一家廣告公司擔任撰稿員兼主任，某次接到一家皮鞋廠的合約，負責製作電視廣告。可是，該廣告推出一個月後，皮鞋廠就發現它的廣告效果非常有限或說毫無用處，於是大家都把精力轉移到對廣告的檢討上。

經過對觀衆進行調查後，發現僅有百分之四的人認爲它很好，但其他百分之九十六的觀衆都不置可否，或認爲毫無價值，甚至有數百名受訪者回答說：「這廣告挺奇怪的，它的節奏像紐奧爾良樂隊清晨三點鐘演奏的聲音」、「我的孩子很喜歡看電視，但這個廣告一出來，他們就跑到浴室或冰箱那兒去了」，或是「我認爲這個廣告太做作」……

然後，再分析了這些受訪者的資料後，得出一個有趣的結論，那百分之四的人在收入、教育、社會經驗與個人興趣方面與伍茲先生極爲相似，其餘百分之九十六的人則來自各個階層。

花費大筆宣傳費用的廣告，卻因伍茲只考慮自己的興趣而糟蹋了，這是因爲伍茲在製作廣告時，只想到他個人買鞋的觀念，而未注意其他人的想法，所以廣告只符合他個人的喜好，卻不能獲得大衆的好感。

相反的，倘若伍茲一開始就問自己：「如果是別人會如何選鞋呢？」相信這個廣告的效果會大不相同。

喬恩小姐在零售業失敗的情況則是另一個例子。喬恩漂亮聰明，受過良好的教育，大學畢業之後，在一家平價百貨公司成衣部擔任採購員，師長們在介紹信中都給予她很高的評價，認爲喬恩有企圖心、天分與熱忱，一定會獲得成功。

可是，喬恩非但沒有成功，反而只做了八個月後就改行了。上司對她的評語是：「她的確是個很好的女孩，性格也不錯，但她犯了一個很嚴重的錯誤。她總是買些自己喜歡而顧客不會買的東西，老是依據自己的好惡決定樣式、顏色和質料，而非以顧客的喜愛作爲選購標準。當我提醒她時，她卻說：喔！他們肯定會喜歡的，因爲連我都十分喜歡啊！」

喬恩的家庭環境相當富裕，也非常有教養，因而她無法以中低收入者的觀點來評價服裝的優劣，採購的衣服都不適合在平價百貨公司中出售。

以上兩個例子都說明，領導者要讓屬下做自己希望他們做的事，就必須站在他們的立場，用他們的眼光來看。

一位年輕的徵信部門主管也曾有過類似的例子，他說：「我擔任經理助理時，負責處理逾期不付款的客戶催收信件。他們原有的催收函均措辭強硬，甚至帶有恐嚇意味，我邊看邊想：『天哪，假如有人寄這樣的信給我，我一定會發瘋，而且絕不想付這筆錢。』因此，我用和緩的語氣與禮貌的措辭改寫了催款信，結果非常有效。站在顧客立場上的信使我的催收業績破了紀錄。」

領導者應記住這樣一個問題：「如果我是他，我會怎麼呢？」這會有助於你的成功。「用我們想去影響的人的立場來看」是最有效的溝通辦法，相反的，若是只顧著傳達自己的意見，卻不考慮對方的立場，那結果必定很糟。

例如多年前，某家公司發明了一種不易被燒斷的保險絲，訂價爲兩美元，還請來一位名廣告製作人做促銷廣告。

當那位製作人著手進行時，就有人告誡他保險絲不適合用「情感訴求」的方式促銷，更何況大家都希望買價錢便宜一點的保險絲，可是他卻不聽，仍做了一支感性又高質感的廣告，結果這支廣告只維持了六個星期便「叫停」了，而且保險絲的銷售狀況非常悽慘。

會造成這種情況的原因是，廣告製作人用他年薪百萬元的眼光去做這支廣告，結果當然無法得到那些年薪幾十萬元的一般民衆的青睞；他所製作的那支廣告也許能得到不少上流社會人士的喜愛，但是因爲無法打入普羅大衆的心，自然也就達不到預期中的宣傳效用。

要成爲成功的領導者，就要培養「隨時跟那些你想去影響的人交換看法」的能力，而且更重要的是注意自己的態度，要站在對方的立場上傳達自己的想法，要考慮並且理解別人的處境。

換句話說，想要成爲優秀的領導者，就得設身處地爲他人著想。因爲，屬下的背景、經歷、興趣可能與你大不相同，所以當你和屬下交換看法或傳達指示時，要先問自己：「如果我是他，我會怎麼想呢？」如此才能發揮最大的效果。

人性化管理讓彼此都滿意

「人性化管理」的方式會幫助領導者輕易贏得員工們的支持與愛戴，員工也會樂意遵從你的指示，盡力為你工作。

每位領導者都有不同的領導方式，其中一種方法就是扮演獨裁者。獨裁者進行每項決定都不會徵求他人的意見，從不採納屬下的意見，即便屬下的意見是正確的，因爲這有損他的顏面。

獨裁者多半無法長居高位，因爲員工受長期壓迫後，必定會聯手起來反抗，就算獨裁者嚴密地防範，依舊無法避免失敗。

另一種領導方式是鐵面無私、不通人情的方式。這種人在處理事情時要引經據典，而且思考方式相當制式化，不瞭解政策只適用於一般情況而非所有情況，更糟的是，他們會把員工都看成工作機器，因而無法配合員工實際的情況更動計劃，更不懂得體諒員工的苦處。

這種鐵面無私的領導者看似貫徹紀律，其實並非優秀的領導者，因爲他手下的員工只能發揮一小部分潛能。

眞正卓越的領導者則採用「人性化管理」的方式。

例如，約翰是田納西州一家鐵製品工廠的開發部主管，使用「人性化管理」的技術非常高明，經常透過各種方式不斷告訴員工：「我很尊重你，我希望在公司中盡力地幫助你。」

這種「人性化管理」的方式確實爲約翰帶來不少益處。

「人性化管理」的重點在於，約翰會盡力照顧、愛護、體貼每位員工，因而能得到員工們的愛戴。

例如，當一個遠道而來的員工初進工廠時，他會找這個人談話並幫他找住處，也會適時在上班時間爲員工舉辦生日舞會。

做這些事雖然會多花一些時間和金錢，但是那並不是浪費，反而是加強員工向心力的有利投資。

約翰的「人性化管理」也充分表現在辭退員工這件事上。約翰要辭退某位員工時，不會採用傳統的方式把他叫入辦公室，告訴他在十五至二十天內辦完離職手續。他採用了一種新方法，他會爲員工找尋適合的新工作，陪他去職業諮詢專家那裡徵求意見，還安排員工與其他公司主管談話，因此，往往員工在被辭退後的十八天內便找到新工作了。

約翰這麼解釋他的這種做法：「任何一個主管都能輕易地聘用他人，但是對領導者眞正的考驗卻在於如何辭退員工。在員工離開之前，幫他找到另一個工作的做法，會使所有的員工都感到自己的工作有保障，我用這個方法讓他們明白：只要有我在，不愁沒飯吃。」

員工們因爲覺得工作有保障，自然會安心且盡力地工作，約翰「人性化管理」的方式，使員工永遠不會在他背後指責他。

此外，鮑伯的家具工廠也是善用「人性化管理」的成功事例。鮑伯曾失業了一段時間，只好在自家車庫內開了一家室內裝潢工廠，經過不懈的努力後，後來擁有一家員工超過三百人的新式家具廠。

鮑伯同樣採用「人性化管理」的方式，非常尊重每位員工，即便是批評員工時，也會儘量顧及他們的自尊。

他是這麼說的：「當我發現什麼地方不對時，會儘快去補救，但關鍵在於所採用的補救方法。若是員工犯了錯或把事情搞砸了，我會非常小心，儘量克制自己的脾氣，避免再去傷害他們，使他們無地自容。」

鮑伯採取的方式是，只私下對他們說，而且在指責他的錯誤時，會同時誇獎他們做得好的部分，並會幫他們解決問題。

他說：「這種方式非常管用，實行這種方法，員工們都十分滿意。」

「人性化管理」的方式會幫助領導者輕易贏得員工們的支持與愛戴，員工也會樂意遵從領導者的指示，盡力為領導者工作。

實行「人性化管理」的三個重點是：

1. 當屬下無法勝任工作或某一個員工製造麻煩時，千萬不要嘲諷他們，或把他們說得一無是處，更不要當場罵人。即使必須指責員工時，一定要顧及他們的自尊，並盡力幫他們解決問題。

2.尊重每位員工，把每位員工都看得很重要，並要多關心員工。若是你越關心一個人，他就越會努力為你工作，你的成就也就越大。

3.儘量在每個適當的場合稱讚你的屬下，這不但不會降低你的身份地位，還會讓屬下覺得你是位寬大而謙虛的人，並得到員工們的敬佩。

人性化管理就是對部屬最大、最好、最方便的鼓勵，也會替自己帶來不少益處。聰明的領導者何樂而不爲呢？

有優良的品格才是優秀的領導者

有優良品格才可能成為領導人物，但還必須具備與人溝通的能力，學會如何與人交往和激發他人的積極性。

小的成功可以由一個人單打獨鬥取得，但那種帶來巨大成就的成功就無法僅靠一個人獲得了，要取得這樣的成功，必須要有他人參與。

當開始動員其他人一同爲達到某個共同目標而努力時，你就成了領導者，而事情的成敗就依賴你的領導才能。

領導才能到底是什麼呢？領導才能就是把理想轉化爲現實的能力。從廣義上說，一個優秀的領導者確實能把理想變成現實，但同時還必須加入另一個重要因素——其他人的配合和努力。一個領導者不僅應藉由自己努力，而且應當借助別人的努力來實現理想。

《韋氏新世界英語》替「領導才能」一詞所下的定義是：「領導者的地位或是指揮能力、領導能力。」

不過，這個定義會讓許多人認爲，領導人是藉由他的地位而取得能力的，甚至會讓人覺得有地位的人就是領導人，事實上，這不是領導才能的本質，一個只會在自己狹窄的職務範圍內指揮別人的人，不算是一個眞正的領導人物。

作家約翰．懷特曾經這麼解釋說：「人們追隨的往往不是某個計劃，而是激勵他們的領導人物。」

其實，「領導才能」的最佳定義應是「領導者的影響力」，眞正的領導者應該是能夠影響別人、使他人追隨自己的人。這樣的領導者，能設法使別人樂於和他一起工作，也會激勵周遭的人朝著他的理想與目標邁進。

所謂的領導能力，首先表現在一個人的個性和敏銳的洞察力中，這是一個傑出領導人最重要的東西。

致力於研究領導才能的管理專家費雷德．史密斯說：「領導人物在隊伍前面帶路，並且始終走在前面。他們用自己提出的標準來衡量自己，並且希望其他人用這些標準來衡量他們。」

好的領導人物是能不斷進取、自我發展、學習的人，他們會爲了不斷提高自己的水平、擴展視野、增加知識、發揮潛能而能做出必要的犧牲，並通過這些自身的努力使自己成爲受人尊敬的人。

有優良品格並値得信賴的人更有可能成爲領導人物，但光靠良好的個人品格還遠遠不夠，還必須具備與人溝通的能力。

領導人物應該和員工、顧客都建立良好的人際關係，學會如何與人交往和激發他人的積極性。個性、理想、與別人溝通和調動別人積極性的能力，就是成功領導者所具備的基本要素。

擁有屬下的敬重才能邁向成功

冒險常常與收穫結伴而行。要想有豐碩的成果，就要敢冒風險；要是有成功的慾望卻害怕冒險，就會在關鍵時刻喪失良機。

一個領導者如果想要成爲管人用人的謀略高手，首先必須增強自己的領導素質，讓自己充滿信心，如此才能贏得部屬的敬重與追隨。

大體而言，世界上可以分成兩類人：一類是領導者，另一類則是追隨者。

當你開始從事某樣工作時，你就要認眞思考，然後做出選擇，是成爲該行業的領導者，還是成爲一名追隨者。

這二者所獲得的報酬有很明顯的差距，追隨者沒有理由期望得到和領導者一樣的報酬，也不會有太大的名望，因而大多數人都希望自己成爲領導者。

但是，與追隨者相較之下，領導者畢竟是少數，所以要勝過其他競爭者而成爲領導人，就需要具備某些特質。

一般而言，領導者得具備以下這些素質：

• 強大的勇氣

這是根據本身的專業技能和知識形成的。沒有人願意接受缺乏自信與勇氣的領導者指揮，跟隨者不會長期聽命於畏縮的領導者。

• 良好的自制能力

不能控制自己的人永遠不可能控制他人。有良好的自治能力才能爲追隨者樹立良好的榜樣，並使追隨者能夠仿效。

• 堅定的決心

猶豫不決的人無法肯定自己的言行，更無法成功地領導他人。

• 具體的計劃

優秀的領導者必須計劃好工作的各步驟、各環節、各方面，並按計劃展開工作。若是靠臨時推測來進行工作，或是沒有具體且實際的計劃，那事業便如一艘沒舵的船，遲早會觸礁。

・奉獻的精神

領導者要有奉獻的精神，因而領導者的工作量與付出應超過屬下，這樣才能得到屬下的敬重與認同，進而激勵屬下奮發向上。

・同情與理解

成功的領導者對屬下應該有同情心，還必須理解和懂得他們的困難並盡力幫助他們解決，如此才能得到屬下的忠誠。

・責任心

成功的領導者應當要有責任心，能主動為屬下的錯誤承擔責任，那些只會推卸責任的領導者無法擔任領導職務。

・團隊精神

成功的領導者必須懂得群策群力的道理，並引導屬下這樣做。領導者需要力量，而力量來自於團隊合作。

・明快果決

管理學家透過對一萬六千多人的分析後發現，領袖人物多半都具有快速決斷的能力，即使是在處理不太重要的小事中也是如此。相反的，追隨者多半缺乏這種能力，做決定時總是猶豫不決。

不論是哪個行業的追隨者，通常都是些根本不明白自己想要什麼的人；這些人優柔寡斷、猶豫不決，而且遲遲無法做出決定。不過，優秀的領導者不僅擁有明確的目標，而且還能制定達到那項目標所需的具體計劃，並有堅不可摧的自信，因而在任何情況下，都能夠做出決定。

懂得溝通，才會成功

有些人總想展現自己的權威，但這種強制員工合作和尊重自己的行為，可能會引火焚身，造成很大的麻煩。

西班牙大作家，《唐吉訶德》的作者塞萬提斯曾說：「貓兒被捧上天的時候，也會以為自己就是獅子。」

確實，適時讚美部屬是一種高明的領導技巧，從厚黑的角度而言，被捧上天的部屬即使是一頭「綿羊」，也會強迫自己發揮「老虎」的能力投桃報李。

爲了達到這個目的，領導者必須和部屬進行良性互動，彼此密切溝通。

所謂溝通是相互傳遞資訊並理解的過程，一個卓越的領導者應該憑藉溝通來發佈指令，建立集體共識並獲取最大的工作效益。

一般而言，領導者與員工溝通時應當注意以下幾點：

1.不要為權威而爭吵：若你腦中始終存著「要明白誰才是上司」的想法，那你很快就會使整個部門鬧得不可開交。應該讓員工把精力集中到解決問題上，而不是對管理人員的抱怨。

2.注意言辭：大多數的員工認爲，領導的工作就是傳達命令和指令。會產生爭吵通常與傳達命令的方式有關，因此要注意選擇言辭與表達的方式。

3.不能假設員工已經明白：鼓勵員工提問題並給予解釋。通過重複或演示來加強員工對事情的理解。

4.理解員工的抱怨：讓那些有抱怨和指責情緒的員工有機會這樣做，這樣能在糾正員工之前，及時發現他們的誤解。

5.不要濫用指令：濫用指令將會自食其果，所以對發出的指令要慎加選擇，命令要短、中肯。條件許可的話，等一項指令完成後再發出另一項。

6.防止指令傳達得不一致：要注意當你告訴屬下一項指令時，其他部門是否正在告訴他們另一項指令。另外，指令的時間與對象也要一致。

7. 不要只挑選那些配合的員工去做事：有些人天生就有合作精神，而另一些人則會考慮自己的情況，因此領導者要注意，別讓情願做事的人負荷太重而讓那些不願做事的人偷懶閒著。

8. 儘量不要指責部屬：讓部屬去做他們厭惡做的工作來懲罰他們，是很冒險的行爲。記住，員工總是希望被分配到合理的工作。

9. 不要濫用權威：剛任新職時，有些人總想展現自己的權威，但這種強制員工合作和尊重自己的行爲，可能會引火焚身，造成很大的麻煩。

10. 要善於傾聽：不要打斷別人的話，要讓人把話說完；要是你眞的很忙，可以限定談話時間，或另找時間來繼續未完的談話，這會使你瞭解事情的整個過程，員工也很會樂意發表意見。

用正面的激勵達成自己的目的

用命令口氣催人辦事往往會令人反感。正面表揚的方式既給足了屬下面子，又增強了他們的信心，這樣自然會把事情做得更好。

德國心理學家馬克．拉莫斯曾經提醒我們：「不管贊成或者是反對某件事，兩種意見總是會有大量的理由。語言的藝術就在於你如何充分地表達，但是百分之九十九的人，卻經常忽略說話的重要性。」

想要建立良好的人際關係，成功地使事情朝自己期望的方向發展，就不能不加強自己說話的方式。

有時冷酷而嚴肅地批評屬下往往會適得其反，這時領導者應該用正面激勵法，主動鼓勵他們，這種方式的效果多半比較好。

成功學大師卡耐基本人就有過這樣的經驗。

某年秋天，當卡耐基正坐在窗邊看書時，突然接到一通電話。

「喂，我找卡耐基先生。」

「我就是。」

「太好了，我想和您討論如何與屬下相處的問題。」

那個人叫羅洛，是一家公司的經理。他與卡耐基很快就約定了見面的時間和地點。到了約定的時間，羅洛比卡耐基更早來到約定的酒店，卡耐基剛走進來，他立即迎了上去，並開門見山地說：「我想請教要怎樣與屬下相處融洽的問題，還有這會有助於我的事業發展嗎？」

「你常嚴肅地對待和指責屬下嗎？」卡耐基問。

「有時，當我氣憤時會這麼做。」

「那你常表揚和正面鼓勵他們嗎？」卡耐基繼續問道。

「很少，即使屬下表現很優秀，我也很少表揚他們。」

卡耐基笑了笑，告訴他任何人都需要表揚與鼓勵，尤其是受到上司或父母鼓勵時更讓人振奮，創造力會提高百分之八十，並建議他多表揚和誇獎屬下，這有利於溝通。羅洛恍然大悟，握住卡耐基的手不住稱謝。

十天後他們第二次見面了，羅洛滿臉興奮地說：「卡耐基先生，您說的建議眞管用。我第二天上班時表揚了我秘書寫的文件，想不到她工作得更努力了。」

由此可見，當你鼓勵屬下後，他們做事會更和諧、更迅速，相反的，用命令口氣催人辦事往往會令人反感，甚至無法把事情辦好。

這是因爲，正面表揚的方式既給足了屬下面子，又增強了他們的信心，這樣自然會把事情做得更好。

要勇於冒險，也要勇於創新

領導者應該不斷帶給大家新觀念、新刺激，否則團體很難得到進步和發展；若是領導者滿於現狀，就會使整個團隊不思進取。

一個成功者之所以與一般人不同，就在於他能在勝負未分之前就充滿信心，然後以思考去爲自己製造勝利的條件。

只有對自己充滿信心的領導人，才懂得如何適時表現自己的才華與創新能力，讓自己比別人早一步獲得成功。

在不確定的環境裡，領導人的冒險精神是最可貴的。

管理學理論認爲，克服不確定、資訊不完善的最好方法，就在於組織內有一位富有冒險精神的戰略家。

世上沒有絕對可靠的成功之路，市場更帶有很大的隨機性，各種要素也不斷變化，令人難以捉摸，所以要想在商海中自由遨遊，就非得要有冒險的精神，甚至有人覺得成功的重要因素便是冒險，並將它視爲成功致富的必要條件。

在成功人士的眼中，生意本身就是一種挑戰，一種想戰勝他人、贏得勝利的挑戰。在生意場上，要具有強烈的競爭意識，「一旦看準就大膽行動」已成爲許多商界成功人士的經驗之談。

冒險常常與收穫結伴而行。險中有夷，危中有利，要想有豐碩的成果，就要敢冒風險；要是光有成功的慾望卻害怕冒險，就會在關鍵時刻喪失良機，因爲風險總是與機遇聯繫在一起的。換言之，風險有多大，成功的機會就有多大。

事實上，許多成功的企業家或卓越的領導人，並不一定比其他人「會」做，但一定比其他人「敢」做。

領導者必須時時都有創意，並且能激發員工的創造性。領導者應該不斷帶給大家新觀念、新刺激，否則團體很難得到進步和發展；若是領導者滿於現狀，就會使整個團隊不思進取。

一般而言，領導者大致分成兩種：一種是受到屬下尊敬與同情的領導者，另一種則是靠權力來領導。

但無數歷史事實已證明，依靠權力維持的領導多半不會持久。例如拿破崙、墨索里尼、希特勒等獨裁者都是依靠權力領導的典型例子，他們的統治都十分短暫，說明了人們不願長期跟隨無限依靠權力領導的人。

只有得到屬下贊同與敬重的領導才是眞正的領導。成功的領導者應具備各種素質，若是你也能培養出這些素質，相信就能擁有強大的領導能力，並能獲得屬下的愛戴，不管是身處何種行業中，都會成爲一位優秀的領導者。

正確的意見才能代表大多數人的意見

一個成功的領導者，除了懂得用人的權謀之外，最重要的一件事就是要具備良好的判斷能力，懂得觀察周遭變化趨勢，做出最正確的決定。

要成為一個優秀的領導者，並不意謂著他必須是個全才人物，而是他要有領導者人的風格，並且懂得厚黑權謀。

根據管理大師彼得．派爾的說法：「一個好的領導者要具有追求真理的毅力，制定決策必須基於真憑實據，不可依據個人偏見行事。他必須是積極熱衷於創新。」

這個說法，強調領導者謀斷的本事，也就是說要懂得利用專家和參謀的集體智慧，從中判別最恰當的方法，做出正確決斷。只要謀得對，就能斷得好，也就能將整個團隊領導到更好的地方。

民主社會強調少數服從多數，但是少數與多數如何判斷？其實，決定權掌握在領導者手中，就看你如何解釋。

西元前五八五年，楚國發兵進攻鄭國，鄭軍寡不敵眾，因而向晉國求救，晉景公便派欒書率軍前去救援。欒書的軍隊一進入鄭國境內，很快就遇上楚軍，楚軍見晉軍來勢兇猛，唯恐不敵因而下令退兵。

但欒書不想就此收兵，便轉而攻打與楚國結盟的小國蔡國。蔡國趕緊派使者向楚國求救，楚國原本忌憚與晉國交戰，但現在接到蔡國求救又不能置之不理，只好派公子申和公子成各帶領自己所屬的軍隊前去救援。

看見退去的楚軍又返回，晉軍大將趙同和趙括便向主帥欒書請戰，欒書也同意了。但是，正當兩位大將準備領兵出戰時，欒書的部下智莊子、范文子、韓獻子上前阻止說：「楚軍退了又來必定更難對付。如果取勝，只不過是打敗楚國兩個縣的軍隊，不能以此爲榮，而如果失敗就得蒙受恥辱，不如收兵回國比較好。」

欒書覺得三人說得有理，準備收兵回國。軍中有不少人對於欒書這樣決定，頗不以爲然地說：「賢人與多數人有同樣的想法，辦事就能成功，您何不照多數人的想法辦事？您是主帥，輔佐您的十一人中，只有三人不主張打，可見想打的人佔多數。您爲什麼不依多數人的想法行事？」

欒書回答：「正確的意見才能代表大多數。智莊子他們三位是晉國的賢人，他們所提的意見正確，便能代表大多數人，我採納他們的意見難道不對嗎？」

於是，欒書下令退兵回國。

兩年後欒書再度率兵攻伐了蔡國，本想再去攻打楚國，但知莊子、范文子、韓獻子等人又分析了當時的局勢與情況，建議欒書暫停攻打楚國，轉而攻打陳國。欒書聽從他們的建議，果然取得勝利。

領兵出征，關係到的不僅僅是戰事的成敗，身爲將領更應該將所有兵士的生死存亡放在心上，把握每個時機做出正確的決策，因爲所有兵士的性命都操控在自己手上。也因此，如何做出正確的判斷，指揮正確的戰略，是相當重要的。

欒書率領大軍作戰，身邊當然會有多位參謀爲他籌謀劃策，如何就目前的局勢判斷誰的建言最正確，是身爲將軍的責任，他必須更加清楚自己所做的任何決定，將會影響到大局變化。當局者迷，旁觀者清，有時旁人的意見可以跳脫迷障，由另一個角度來思考，欒書選擇聽取智莊子等人的意見，是因爲他判斷他們所言是正確的，自然樂意採納。

能夠辨明什麼才是最重要的決策，是領導者責無旁貸的工作，正如羅曼．羅蘭所說：「一個人做了領袖，可沒有權利再有慈善心和軟耳朵。只能有眼睛和心靈，只能觀察、決定，然後毫不動搖地做應該做的事。」

如果你想成爲一個成功的領導者，那麼除了懂得用人的權謀之外，最重要的一件事就是要具備良好的判斷能力，懂得觀察周遭變化趨勢，聆聽整理分析他人的意見，然後在最適當的時候，做出最正確的決定。

PART 6

別戴著有色眼鏡看人

過去的經歷當然要考察，
但不能因過去的污點就將人才拒於門外。
身為一個領導者，
要有勇氣任用曾經犯過錯誤的人才。

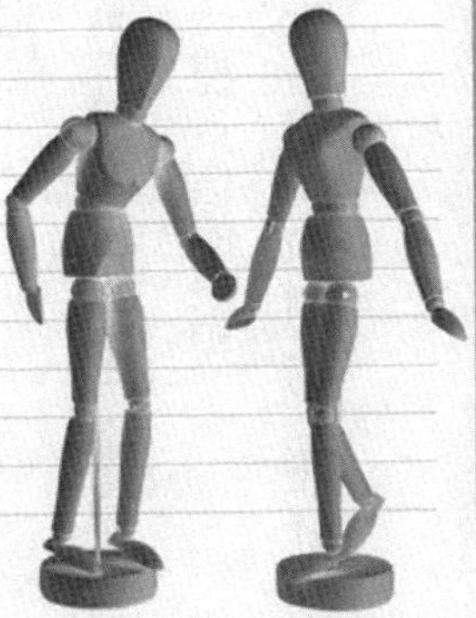

你敢用比自己能力強的人嗎？

艾科卡被克萊斯勒的誠意打動了，於是走馬上任，出任公司董事長兼總經理。在艾科卡帶領下，克萊斯勒最後終於走出困境。

一個領導者想要成為管人用人高手，首先必須增強自己的領導素質，讓自己充滿信心，如此才能贏得部屬的敬重與追隨。

領導者想要贏得人心，就必須充滿自信，自信來自積極的自我訓練。

敢用能力超過自己的人，其實是一種自信的表現。

美國汽車界傳奇人物艾科卡「反敗為勝」的例子，正好能從正反兩方面說明敢不敢用強人的不同效果。

福特汽車公司是美國汽車業的佼佼者，曾經在美國三大汽車公司中排第一。福特公司的董事會一直爲福特家族把持，而高級管理階層則由一批管理精英構成。由此，我們可以想像，一個家族外的人，能夠擔任像福特這樣巨型公司的總經理，才華是多麼的出衆。

然而，福特歷任總經理之中，除了麥克拉瑪拉自動辭去總經理職務，受總統邀請出任國防部長外，其餘的總經理幾乎沒有一個善終。他們在總經理座位上沒有坐幾年，便會因爲各種理由而被炒魷魚或被迫辭職。

後來，這個命運也降臨到艾科卡身上了，他被福特二世解除總經理職務，只在福特公司裡面掛一個虛職。

艾科卡在他的自傳中《反敗爲勝》，批評亨利．福特二世的用人術說：「他不能容忍比他強的人，否則輿論會說福特公司是靠外族人支撐起來的。」

艾科卡是一個美國汽車工業界傑出的管理專家和行銷大師，曾經一手推出幾種極爲暢銷的車型，並且進行了極爲成功的廣告策劃，把福特公司的銷售業績推向戰後的鼎盛階段。

顯然，艾科卡的聲譽蓋過了福特家族的繼承人，以及代表家族在公司執掌最高權力的亨利．福特二世。

這使得福特二世很不舒服，越看越覺得艾科卡不順眼，而把他的能力和功績完全忽略了。

此外，福特公司的高級主管，有事都跟艾科卡商量，並且跟艾科卡關係很融洽，更使得福特二世起疑心，認爲艾科卡暗中在公司內部搞派系鬥爭，嚴重威脅福特家族在公司的地位。

福特二世把艾科卡趕出公司決策層的消息，在美國產業界引起極大的震撼，震動最大的，要算底特律三大汽車公司。

通用汽車公司處於老大地位，雖然不至於把艾科卡挖去，卻在心頭長長地吁了一口氣。克萊斯勒在三大汽車公司中敬陪末座，當時正處於營銷困境中，產品大量積壓，沒有任何一種暢銷車型。

克萊斯勒董事會爲此召開緊急會議，以董事長和總經理爲首的董事會成員力主聘請艾科卡。

但誰都知道，要把福特公司的前總經理挖到規模小許多的克萊斯勒，是不能屈就他的，至少也應該讓他出任總經理。

這時，克萊斯勒公司董事長做出一個驚人的舉動，表示要把他的董事長職務也一併讓出來。

艾科卡被克萊斯勒的誠意打動了，於是走馬上任，出任公司董事長兼總經理。

在艾科卡帶領下，克萊斯勒最後終於走出困境，不但償還了鉅額債務，公司盈利狀況也日漸進入佳境。

福特公司老闆因爲容不下強人，公司營運每況愈下，而敢用強人的克萊斯勒則業績蒸蒸日上，兩者形成了鮮明的對比。

如何塑造迷人的個性

樂觀積極的生活方式，可以使你的個性永遠討人喜愛；對自己充滿信心，就會有健康、充滿活力的人生觀和豐富的想像力，使你顯得迷人可愛。

想要成爲一個管人用人高手，良好的形象是不可或缺的。心理學家都認同，一個領導者建立良好的形象，既可以增強自己的領導威信，更可以激發正面的工作效率。

一個領導者想要讓部屬接近自己，聽從自己的指揮，必須展現出迷人的個性，具備積極樂觀的態度，建立起應有的形象和權威，否則，怎能激發部屬的工作熱忱和創造能力呢？

迷人的個性就是充滿魅力，像磁鐵一樣吸引人的個性。但是，什麼樣的個性才會吸引人，使人樂接近呢？

所謂個性，就是一個人的心理特徵和行爲特點的總和，也就是有別於他人的性情。從一個人的衣著打扮、臉部神情、語言聲調，乃至不經意流露的的想法，都可以研判出他的個性。

一個人的個性是否令人喜歡，首先由他的品格所決定。

很顯然，所謂個性，最重要的部分就是由品格所散發出的魅力，也就是外表看不見的那一部分。

另外，穿著打扮是否得體，也是個性中一個很重要的部分，因爲大多數人都是從外表來建立對一個人的第一印象。

一個人的目光、神情，同樣是研判個性中的重要依據，因此人們平常都試圖透過你的眼睛來看穿你的內心，從神情窺探你隱藏在內心深處的思想，從肢體語言看出你最隱密的念頭。

柔和的眼神可以使對方的心情平靜穩定下來。如果你的目光讓對方覺得如同仇人般尖銳鋒利，對方當然也會馬上鞏固自己的心理防衛。

你身體的活動也是你個性中的一個重要部分，因爲一個人的舉止風度大都表現在身體的各種活動中，即使是握手的態度，也密切關係到是否因此而吸引或排斥與你握手的人。

樂觀積極的生活方式，可以使你的個性永遠討人喜愛，不妨試著用這種態度來表現你的個性內容。

樂觀積極的生活方式就是——對自己的生命、生活、工作充滿濃厚的信心與興趣。對自己充滿信心，就會有健康、充滿活力的人生觀和豐富的想像力，使你顯得迷人可愛，營造出絕佳的人際關係。

提防馬屁精笑裡藏刀

除非上司是一位典型的「昏君」，否則，無論如何都不能選這種迎逢拍馬的人當主管，因為，有時這種人連做個稱職的員工都不夠資格。

美國管理學家德魯克曾經說過：「有效的管理者知道，他所使用的人，是用來幹事情的，而不是用來投自己所好的。」

想成爲一個管人用人高手，應該牢記在心的原則是，切忌重用或信任那些專門阿諛奉承自己的人。

生性諂媚阿諛的人，之所以不惜屈尊對上司迎逢拍馬，原因不外爲了自己的升遷，或是爲了改善環境條件，或是爲了自己的子女就業，或是爲了求得職務上的保護，或是爲了借上司的信任和威風來擴大自己的尊嚴……所有的這些目的，無疑都需要上司來成全。

上司在他們的眼裡，完全成了達到自己個人目的的「希望之樹」，所以除了千方百計設法諂媚外，別無他途。在他們眼裡，吹捧上司就會得利，而反駁上司的人只會吃虧。

這種人說的是一套，做的又是另外一套，表面上唯命是從，實際上暗藏禍心。「笑裡藏刀」是這種人最生動的寫照。

迎逢拍馬的風氣盛行下去，勢必弄得眞假難辨、是非不分、小人吃香、好人受氣，工作難以開展，員工的積極性受到壓抑。

顯然，除非上司是一位典型的「昏君」，否則，無論如何都不能選這種迎逢拍馬的人當主管，因爲，有時這種人連做個稱職的員工都不夠資格。

但是，不可否認的是，這種人在許多公司裡卻往往能夠左右逢源。其中，主要原因不外兩個：

一是這種人看透了人性的弱點，特別是當上司喜歡聽奉承的話，再加上他們吹捧的技術，往往能在公司裡風光一時。

二是許多上司表面上說自己很民主、很開放，樂意聽取各方面的意見甚至批評，其實骨子裡最不能容忍下屬對他「挑刺」，因爲他們內心覺得，這種行爲會降低他們的領導威信。

既然如此，下屬便會認爲又何必自討苦吃，乾脆看上司的眼色行事說話，樂得皆大歡喜。

因此，要做到不選擇馬屁型的人做主管，上司也必須加強自己的修養。因爲，只有賢人才能選出賢才。

如何打贏「乳酪戰爭」

滿足別人的心理需求，將會使你建立和諧的人際關係，使自己的晉昇之路無限寬闊得多，因為你在滿足別人需求之後，也將獲得豐厚的回報。

戴爾．卡耐基在《人性的弱點》裡說道：「人性中最深切的一種特質，就是內心那股受人賞識的渴望。」

不管是什麼樣的人，都希望自己能夠被理解，能夠被器重，想要成爲一個優秀的領導者，就必須妥善運用人性中的這個弱點。

人一進入社會工作後，迎面而來的就是一場又一場的「乳酪爭奪戰」。

想要打贏這些戰爭，首先必須先掌握周遭關鍵人物的心理狀態，如此才能減少不必要的障礙。

人的心性是相當複雜而又善變的，我們實在很難簡單地下結論說：「人哪，就是那麼回事！」

人類內心潛藏的慾望更是五花八門，無法一一羅列。但是，如果能夠明白人類的基本心理特徵，並不斷努力地加以滿足，對於在辦公室內建立良好的人際關係，一定會有莫大的幫助。

人往往期盼自己的想法得到他人的理解，並且獲得認同。上司也和一般人一樣，希望自己的領導模式和行事風格被人理解。

除了極少數特立獨行或玩世不恭的人之外，世界上很少人願意自己是惹人討厭的傢伙，大多數人都渴望自己受人歡迎，並且儘量避免與人發生衝突。即使是上司，也會有希望受人歡迎的傾向。

想要受人歡迎，秘訣就在於懂得誇獎別人。大多數人倘使具有某些優點，或做出自認爲了不起的事，都由衷希望獲得讚賞鼓勵，如果你懂得適時誇讚對方，當然會讓他樂不可支。

其實，每個人身上都有許多值得誇獎的地方，適時加以肯定，就可以讓彼此的關係更爲融洽。

一般而言，人都好逸惡勞，喜歡日子過得舒適輕鬆，討厭辛苦的勞累生活，因爲懶惰是人的本性。

人之所以願意勞動，當然是期待得到相對的物質報酬，或是精神上的滿足。想要在職場過得優遊自在，就必須先瞭解與你朝夕相處的上司，究竟渴望獲得哪方面的滿足，然後努力幫他達成。

如果你能夠明白他的基本心理特徵，並設法滿足他的心理需求，將會使你建立和諧的人際關係，使自己的晉昇之路無限寬闊，因爲，你在滿足別人需求的同時，也將使自己日後獲得豐厚的回報。

如何對付愛打「小報告」的部屬

愛告密的人只會討好領導者，但沒有真本事，否則他也就沒必要透過這種方式來討好領導。

想要做到知人善用，摸清部屬的習性和才能是相當重要的。

但是，人的個性與才華都有顯性與隱性的成分，有時並不是那麼好掌握，因此必須透過各種方式進行評估。

與此同時，對於愛打小報告的部屬，千萬不要掉以輕心。

一個人如果把別人的秘密告訴了你，明天，他也許就會把你的秘密告訴別人。

愛告密的人一般是深諳生存之道的，他懂得公司裡面人多事雜，大家明爭暗鬥。

他更清楚，有些人「表面上一盆火，背地裡一把刀」，稍不留心，就可能遭到這些人的暗算。

愛告密的人掌握了一套應付公司內形形色色人的絕招。這種人往往先發制人，以快打慢，以動制靜，並且還善於找後台來撐腰；這個後台常常就是他的上司。

他懂得怎樣得到上司的重視，搜集小道消息或情報傳達給上司，讓上司能更清楚地瞭解公司內的實際情況。

但是，你要注意的是，這類下屬喜歡探聽別人的秘密，對於瞭解公司的一些情形很有幫助，但有時他也把觸角伸向自己，因此弄得不好，又會引火惹身。

再者，這類人一般而言是不擇手段的，他也不會顧及其他同事的看法，目的只是爲了取悅上司，讓上司覺得他是自己的心腹，覺得他對自己忠心耿耿。

但是，一旦上司因某一些小事和他鬧翻，他又會不顧一切地把上司的秘密也給揭露出來。因此，如果你是一個領導者，對這樣愛告密的人必須提防，不可重用，但有時可以利用。

在現實生活中，有許多領導者偏愛這一類人，並把他當做自己不可少的得力助手。這些領導者瞭解公司的情況不是靠正常的工作彙報，或親自下基層掌握第一手資料。他們是憑這些人的告密來瞭解情況的，並把這種獲知下情的方法作為一個法寶，一條便捷之道。

殊不知，這樣一來領導者就會和其他正直的下屬們出現了隔閡和距離，正確的消息和意見得不到，得到的儘是些經過添枝加葉後的小報告。

精明能幹的領導者，是不會也不願被這種人的行為蒙蔽的，因為，他知道如果相信這類人，就會得罪和疏遠一大批有能力、敢講眞話的人。

因此，他可能讚許這種人幾句，甚或聽聽他的小報告，但絕不會信任和重用他，因為這樣的人，只會討好領導者，但沒有眞本事，否則他也就沒必要透過這種方式來討好領導。

如何輔導小錯不斷的下屬

有些企業的經理在解雇員工時總有一種心理，擔心他們會到處造謠，毀謗自己，因而對於這些小錯不斷的下屬，總是姑息縱容。

美國管理大師彼得．杜拉克曾經說過：「管理者與其做個站在監督立場發號施令的人，不如調動部下發揮積極性。」

管理者最重要的任務，就在於妥善運用每一個人的才幹，以一當十，以十當百。

有些下屬大錯不犯，但小錯不斷，要說他沒有才幹，他又有一些成績，要講他合適，他又經常給公司造成一些不大不小的損失。

這樣的人，其實最讓領導者頭痛。解雇他們，並不太妥當，繼續用他們，似乎又不好。那該怎麼辦呢？

某公司的一名業務員自恃功勞甚大，有很大的銷售業績，無人可比，就時常違犯一些公司的規定和紀律，例如，定期召開的業務員會議，他即使沒出差也經常無緣無故不參加，還經常帶自己的小孩到辦公室來，把公司當成遊樂場。

經理忍無可忍，一氣之下來了個「揮淚斬馬謖」。可是，這位經理在解雇這名業務員時犯了一個錯誤，太過於衝動草率的結果，使得原有的幾十家客戶紛紛流失，導致公司蒙受了重大損失。

想要解雇這樣的員工，絕不能草率行事。在解雇之前，不妨先教育和告誡他，即使最後還是決定要解雇，也一定得向密切往來的客戶說明原委，如此才不至於陷入「趕走了和尚，帶走了香客」的不利局面。

當然，不稱職的下屬，並不全是一些違反紀律和規定，或把上司講話當耳邊風的人，也有一些是誠實肯幹，但礙於自身的素質或適應能力等因素，而不適合於某個職位。在這種情況下，你就不應解雇他們，只要想辦法把他們調到不重要的崗位就行了。

有些企業的經理在解雇員工時總有一種心理，擔心他們會到處造謠，毀謗自己，因而對於這些小錯不斷的下屬，總是姑息縱容，遲遲不願下手。

你應該意識到，這樣的員工雖然不會犯大錯誤，但對公司的影響卻是負面的，就像中國的一句俗語：「一粒老鼠屎搞壞一鍋湯」，因此，一定要及時加以解決或處理，或迅速調離崗位，或加以撤職。

當然，對於一些偶爾違反規定、犯點小錯誤的人，在採取行動之前，還是要先加以提醒和教育，在教育無效之時，才按公司的法規和制度來辦事，讓他走人。

別戴著有色眼鏡看人

過去的經曆當然要考察，但不能因過去的污點就將人才拒於門外。身為一個領導者，要有勇氣任用曾經犯過錯誤的人才。

如果你是一家公司的總裁，現在急需要一個擁有某方面專門知識的人才，但是經你側面瞭解，知道他過去曾經犯過錯誤，進過監獄，你敢不敢用他？

傑瑞是美國一家化學染料公司的總裁，有一次，公司爲了研發低成本化學染料，迫切需要一個懂得染色技術的專家。

這時候，他意外地打聽到有個染色專家正賦閑家中，頗爲驚喜。然而，經過初步瞭解，卻發現這個人年輕時吸過毒，因爲缺乏毒資還攔路打劫，被關進了監獄，出來之後，便自暴自棄，整天喝酒澆愁。

這個人能不能使用呢？傑瑞陷入了矛盾之中，於是，他又繼續去瞭解這個名叫漢姆的染色專家，發現他出獄後有段時間表現很好，但公司的老闆總是對他不放心，幾乎每天都要到漢姆的更衣櫃，搜索他的外衣口袋，生怕他再染毒癮。漢姆發現後，自尊心受到極大侮辱，憤然辭職，這樣才染上酒癮的。

傑瑞知道全部經過後，決定聘用漢姆擔任公司技術部主管。

經過幾次登門拜訪，漢姆深受感動，從此痛改前非，埋頭於實驗室，終於研製出不脫色而且成本低廉的化學染料。

我們可以設想一下，如果一開始傑瑞先生就帶著有色眼鏡看人，因為漢姆犯過罪就不雇用，那麼他開發不脫色化學染料的計劃，能否順利成功就很值得懷疑了。

過去的經歷當然要考察，但不能因過去的污點就將人才拒於門外。身為一個領導者，要有勇氣任用曾經犯過錯誤的人才。

《史記》中，曾記載劉邦重用陳平的故事。陳平年輕時，曾經在魏王門下當差，但沒有獲得重用，後來又到項羽手下做事，也因為和項羽鬧翻不得不連夜逃亡。最後，他投效劉邦，擔任都尉的官職，成為劉邦座駕的陪乘。

不過，在當時，陳平可說聲名狼藉，有一位重臣就向劉邦進諫說：「陳平是一個無行小人，在家時曾和兄嫂私通過，不得已而才離開家鄉。在魏、楚的軍營中也是窮困潦倒，不得不前來投奔，到了我們的軍營，受封官職，卻又居然接受某些官員的賄賂。」

劉邦聽後，卻哈哈大笑，對這位臣子說：「你有所不知，你剛才說的是有關陳平個人品德的事，但是，現在天下紛爭，我所需要的卻是有才能的人，單是品德高尚的人，對我軍是沒有用處的。」

劉邦沒有計較陳平品德上的過失，反而不斷晉升他的職位，最後官至丞相，對於鞏固漢朝江山有相當重大的貢獻。

不要在上司面前表現自卑

容易自卑的人不但要努力克服自卑的情緒，還要學會讓自己的言行儘量瀟灑自如，對自己的形象才會有正面的提升。

日本心理學家池見酉次郎在他的著作《自我分析》一書中曾經這麼說道：「只有心理保持自然平衡發展，才能實踐自己的理想，讓自己趨於成功，也才可能實現人生的真正目的。」

所謂心理保持自然平衡發展，就是要以客觀持平的態度看待自己，不要因爲無謂的細事產生自卑傾向。

想要在現代職場中出人頭地，必須克服自己的自卑感。因爲，如果你的心理有自卑的傾向，那麼待人處事必然會變得扭扭捏捏，患得患失。

在工作環境中，每個人都無可避免地會遭遇令自己感到窘迫的事情，萬一遇到這類難堪的場面，一定要告訴自己保持鎮定，以平常心去面對，因爲，一旦你的內心產生了自卑感，就會影響你的表現，使你辛苦建立的美好形象大打折扣。

應該注意的是，不管置身在什麼環境，遭遇什麼樣的人物，都要儘量避免在言語和行爲上出現自卑。

當你感到體內有自卑的情緒作祟時，應該努力去想像自己最得意、最拿手的事，表現出落落大方的樣子。

自卑往往來自於心中的生澀、稚嫩、妄自菲薄，因而在行爲上顯現出畏縮、怯懦、卑微的模樣。

具有自卑感的人往往缺乏自信，而不時在言談間「自我貶抑」。他會說：「我個人的意見也許無足輕重，不過……」、「我相信你一定會提出更有價値的修改方案」，或者說：「這件事，我恐怕很難勝任」……等等。

其實，這些都是無用的廢話，既然覺得自己的意見無足輕重，還提它幹什麼？

有自卑感的人，往往希望得到別人的誇獎、支援和安慰。有些人甚至會想辦法去獲得一些口惠不實的慰藉，否則忐忑不安的情緒就難以平靜穩定下來。

具有自卑感的人會過分有禮貌。他們常常庸人自擾，認爲自己不行或不對，言行經常受人左右，凡事畏畏縮縮，唯恐出錯。

必須記住，在這個功利掛帥的社會裡，過分的謙遜是沒有必要的，那只會被人看作無能的象徵。

自卑感會讓一個人不敢提出自己的意見，即使不贊同別人的意見，表面上也會佯裝同意。在衆人面前，往往爲了順從人意而改變自己的立場。

自卑感會讓你被人觸及隱私或者發生糗事的時候，當場面紅耳赤，不知如何因應。自卑感會使你不敢創新求變，也不敢與衆不同，凡事都要先看別人怎樣做，自己才敢跟著去做。

自卑的人不敢昂然挺立，與人對話時不敢和對方的目光相接，不論做什麼事都唯唯諾諾，缺乏應有的決斷力。

自卑的人聽到別人當衆稱讚自己時，總是會覺得難爲情，總是會扭扭捏捏地連聲說「沒有什麼」。

充滿自卑感的人往往在事過境遷之後，才哀聲歎氣地說「先前應該這樣做」或者「應當這樣說」，並會爲此後悔懊惱不已，久久無法釋懷。

以上的幾種現象，有些是可以避免的，譬如「妄自菲薄」的廢話，卑躬屈膝的謙虛，都會讓人看出你的自卑感。

記住，別人只是看到你的外表，並不能看穿你的內心，因此有什麼好自卑，有什麼好害怕的呢？

容易自卑的人不但要努力克服自卑的情緒，還要學會讓自己的言行儘量瀟灑自如，對自己的形象才會有正面的提升。

如何戰勝情緒來接受別人的話

很多時候我們所說的話會遭到惡意扭曲，或者一開始就被拒絕，令人尷尬不已。想要避免這些令人難堪的局面，平常就要預先建立好人際關係。

想要成爲卓越的領導人，必須先訓練自己成爲一個心胸寬大的人，然後加強識人用人的能力，才能發揮更高超的領導藝術。

要學會克制自己的好惡，不過分在意部屬的缺點。

人類具有自我表現的本能需求，因此，一旦有說話的機會時，就會自發性地想說話。說話的效果是人際關係的基礎，換句話說，說話的效果代表各式各樣的人際關係。因爲，人與人之間的遠近親疏都可以從這些「效果」中呈現出來。

相同的一句話，由喜歡的人提出或是由討厭的人提出，解讀的方式必然完全不同。例如，有人多次在你面前提到A先生總在背後說你壞話，如果你對A先生的印象很不錯，你也許就會回答說：「不會的，他那個人我很瞭解，他不會背後說人的壞話。」或者至多問一句：「眞的嗎？」

如果A先生是一個你很討厭的人，那麼，你的反應就截然不同了。你必定會答道：「哼，果然是他在背後說我壞話！」或者說：「我早就料到了，他就是這麼討厭的小人。」

其實，不管多麼冷靜的人，要完全戰勝自己的情緒來接受別人的話語，都是一件困難的事情。

我們提出的事情能被欣然接受，無疑是件求之不得的事，因爲，很多時候我們所說的話會遭到惡意扭曲，或者一開始就被拒絕，令人尷尬不已。

想要避免這些令人難堪的局面，平常就要預先建立好人際關係。

此外，說話的時候，自己要常先在心裡自問：「這樣說可以嗎？」

否則，對方可能會「有聽沒有懂」，甚至把你的話當耳邊風。

PART 7

讓部屬照亮
你的人生之路

一個英明的領導者，
不論什麼時候都不能忘記
誠心誠意地對待你的部下，
從而讓你的世界亮麗起來，
因為，部屬可以照亮你的人生之路。

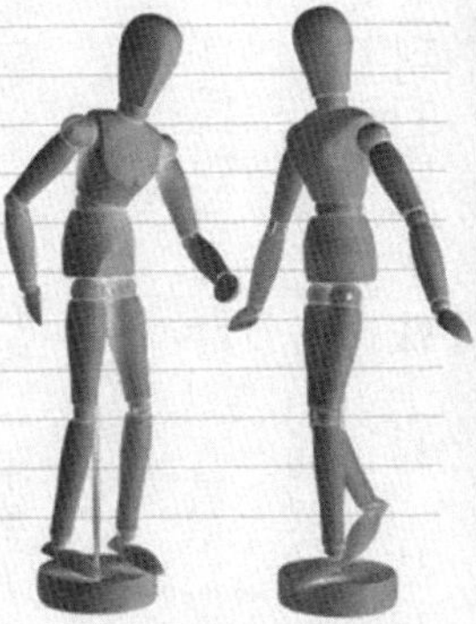

說話之前先動動大腦

隻言片語釀成大錯的危害性是不能加以忽視的，說話的時候，一定要隨時提醒自己務必謹言慎語，避免因一時的出錯而惹來終身的遺憾。

想成爲一個卓越的領導者，必須懂得圓融的應對方式。應對進退之時，懂得以巧妙的迂迴戰術避實就虛，把對方變爲自己的助力，正是聰明人獲得勝利的重要關鍵。

辦公室是個爾虞我詐的競爭場所，身爲競爭族群的一員，說話之前一定要三思，千萬不要讓脫口而出的話語變成「有心人」攻擊自己的利器。

粗心大意的話語往往會招致想像不到的危險，殊不見，在這個光怪陸離的社會，造成人際關係失和的導火線，往往只是幾句不中聽的隻字片語。

有的人喜歡說話，但是說話之前又不肯先動動腦，往往因爲貪圖一時口快而引起不必要的困擾，事後才暗自懊悔不已。

少說話會降低出差錯的機率，不過相對的，也會失去自己受到上司肯定的機會，在競爭之中屈於劣勢，這無疑是兩難的抉擇。

折衷的方法是，只在必要的時刻說出必要的事情，並且以正確適當的方式表達自己的想法，這才是明智之舉。

常常在背後談論是非或說別人壞話，是相當要不得的行爲。所謂「隔牆有耳」，你在背後議論別人，最終難免會傳至當事人的耳內，導致彼此心中不愉快。

尤其是在辦公室，同事之間關係極爲敏感，你所說的每一句話，有心人肯定聽得一清二楚，如果他加油添醋轉告當事者，矛盾自然就產生了。

隻言片語釀成大錯的危害性，是不能輕率地加以忽視的，說話的時候，一定要隨時提醒自己務必謹言慎語，避免因一時的出錯惹來終身的遺憾。

俗話說得好：「害人之心不可有，防人之心不可無」，做人，尤其是做一個現代主管，在辦公室裡，絕對不能沒有防人之心，否則就會保不住自己的地位。

堡壘最容易從內部攻破，事情最容易被自己最親密的朋友破壞，如果你的朋友變成了你的仇人或敵人，他的拳頭隨時可以擊中到你的要害。

人生到處是小人。小人喜歡「暗箱」操作，行事不露聲色，但是，小人再怎麼狡猾，總會有破綻。

當你可能獲得重要地位時，別人對你總有幾分敬意，你說話時，別人會唯唯諾諾，但是，千萬不能就此認為別人和你的想法是一樣的。尤其是不該讓別人知道的事，即使關係相當友好，也絕不能透露；如果你對公司或頂頭上司的做法頗有怨氣，寧可找一個不相幹的朋友去訴說，也不能吐露給「知心」的同事知道。

在世情澆薄的現實社會，存一點防人之心，才是保護自己的最好方式。當然，防人之心並不等於對所有的人一概存著猜忌、懷疑的心理。因為信任總是相互的，你不相信別人，別人也不會相信你。

所謂的「防」，就是不說不該說的話，不說可能不利於自己的話。

正視別人渴望獲得尊重的心理

一個高明的領導者必須淡化自己的權勢慾望，正視一般人渴望獲得尊重和賞識的心理，如此一來，才能激起下屬的感遇之心，心甘情願赴湯蹈火。

魅力型領導者懂得如何去吸引別人，並激起他人追隨的慾望。他們各有各的招式，其中的每一招每一式，都蘊藏著神奇的魔力，引誘、迫使追隨者爲他們效力賣命。

要想在社會關係中如魚得水、左右逢源，光講究「八面玲瓏」是遠遠不夠的，因爲八面玲瓏只意味著圓滑、鄉愿，連誠心誠意的境界都未達到。

自己若是缺乏誠心、沒有誠意，就不可能從別人那裡得到任何情誼，只能偶爾占點小便宜，但時日一久之後，你就露出廬山眞面目。最後，變得人人躲你，人人怕你，對你「敬鬼神而遠之」。

人情和人際關係的「資源」一旦耗盡，你就變成一條擱淺的巨鯊了，等著被水鷹和食腐動物吃掉。

因此，想要獲得別人善意的回應，與人交往之時，應該要強調「誠心誠意」。

我們都知道劉備三顧茅廬，請諸葛亮下山爲自己效命的故事。

當時的劉備有如喪家之犬，四處流亡依附別人，連自己的地盤都沒有著落，可以說是身處危亡之境。但是，他卻有禮賢下士的優點，只要誰有眞才實學，或具有某方面的特長，他都會不辭勞苦，親自登門拜訪，把對方奉若上賓。所以，他能找到像關羽、張飛這樣流傳古今的猛將，並以兄弟相稱，結爲生死之交。

後來，他到了南陽，聽說諸葛孔明高風亮節，有經天緯地之才，並能運籌帷幄，決勝於千里之外。於是，劉備兄弟三人，一同前去諸葛孔明居住的隆中草堂拜訪，試圖請出這個曠世奇才共謀大計，共創霸業。

可是，身懷奇才的諸葛亮不願輕易許諾，爲了考驗劉備的誠意和決心，故意迴避了兩次，使得隨行的關羽和張飛兩人氣得大發雷霆。

但是，劉備卻仍堅持以誠相待、以誠感人，三顧茅廬之後，終於請出諸葛亮。最後一次，天空下起了鴻毛大雪，諸葛亮在草堂裡酣睡，劉備等三人靜靜在門外等候。諸葛亮深感劉備誠意十足，最後終於答應輔佐蜀漢，「受任於敗軍之際，奉命於危難之中」，從而爲劉備鞠躬盡瘁，死而後已，成爲禮賢下士、以誠待人的一段千古佳話。

許多歷史的典故都告訴我們，身居高位的領導人，若能放下身段，做到禮賢下士，賢能之士就會拋頭顱、灑熱血地回報知遇之恩。

箇中緣由只在於，人人都有一顆自尊心，人人都渴望獲得別人的尊重與賞識。相反的，如果領導人一味以手中的權力對別人呼來喚去，或是進行要脅逼迫，就會讓人敬而遠之。

正因爲如此，一個高明的領導者必須淡化自己的權勢慾望，正視一般人渴望獲得尊重和賞識的心理，如此一來，才能激起下屬的感遇之心，心甘情願赴湯蹈火。

恭維，是化解阻力的行為

想要快速發現一個人的弱點，其實只要觀察他最喜歡的話題，因為語言是「心靈之音」，一個人講得最多的事物，一定是他心中最渴望的。

幾乎每一個人都有偏愛某種虛榮的心理，上司和部屬都不例外，當你搔到他們心中的癢處，自然會使他們對你產生極大的好感。

想要和自己的頂頭上司及管理的部屬建立融洽的從屬關係，就必須設法找出他偏愛的虛榮所在，然後加以恭維。

恰當的讚美和恭維是人際交流中一種很有效的方法，可以用來抬高別人的自尊心，贏得別人的好感和協助，拉近彼此的心理距離。

美國總統羅斯福就是善於使用這種方法的典型人物，對任何人都能使用恰當的讚譽，因此在從政過程中化解了不少阻力，獲得了許多助益。

林肯總統也是一個善於使用讚譽方法的人。找出一件使對方引以爲傲的事，和引起對方興趣的話題，一直是林肯的日常工作。

林肯曾經說：「一滴甜蜜糖比一斤苦膽汁所能捕獲到的蟲子要多得多。」

其實，在職場生涯中，恰到好處的稱讚無疑是讓自己快速升遷的階梯。因爲，不論地位高低，恰到好處的稱讚絕對能夠滿足一個人的成就感和虛榮心。

當然，有時胡吹亂捧的恭維也會引起反感，這是因爲沒有掌握恭維技巧的緣故。

要使自己對別人的恭維達到效果，必須牢記對方的性格特點。

有的人虛榮心極強，無論在什麼場合，都巴不得別人對自己百般恭維，而且一聽到恭維的話語便得意忘形。

但是，更多的人只喜歡在個別事情上聽到恭維。有的人喜歡聽到別人恭維他的特殊才藝，有的人喜歡聽到別人讚譽他熱心公益事業，有的人喜歡聽別人稱讚他的領導統御技巧，而有的人則特別喜歡聽到別人誇獎他的特殊才華。

爲什麼會這樣呢？因爲這是他們所偏愛的某種虛榮。

吉斯斐爾勳爵曾說：「各人有各人優越的方面，至少也有他們自以為優越的方面。在自認優越的方面，他們能夠承受得住別人公正的批評，但在那些還沒有自信的方面，他們尤其喜歡別人的恭維。」

這段話明確告訴我們，開啓人們心扉的鑰匙，就是設法找出別人偏愛的虛榮所在，以及讓他們充滿信心。

想要快速發現一個人的弱點，其實只要觀察他最喜歡的話題，因爲語言是「心靈之音」，一個人講得最多的事物，一定是他心中最渴望的。如果你能在這些方面恭維他，那麼你便搔著了他的癢處。

用正確的方式拍馬屁

當面的恭維並沒有益處，反倒是間接的頌揚能發揮強大的功效。在人的背後稱頌他，在各種恭維方法中，要算是最有效的了。

拿破崙曾經說：「世界上有兩根槓桿可以驅使人們去做自己不想做的事，一是利益，一是恐懼。」

在我們的生活周遭，之所以會有那麼多阿諛諂媚之徒，原因就在於他們渴望獲得某些利益，或是恐懼失去某些賴以維生的屏障，因此才會不擇手段地想要透過溜鬚拍馬討好別人。

一個領導者如果想要成爲管人用人的智謀高手，就得提高警覺，千萬不要被他們所說的花言巧語蒙蔽。

有一則笑話說，有個人對某位官員面說，大部分的人都喜歡被諂媚，自從他出道之後，就靠著給人戴「高帽子」而無往不利。

這位官員聽了，大不以爲然地說：「我就不喜歡諂媚拍馬之徒。」

這個人聽了連忙見風轉舵，附和說：「對，對，您當然與衆不同，您是濁世裡的清流，可惜的是，像你這樣剛正不阿、厭惡拍馬屁的人，普天之下能有幾個呢？」

這個官員一聽，臉上不禁露出欣然喜色，那人走出官邸時說：「我的高帽子，又送走一頂了。」

這個故事說明了，人人都知道諂媚不好，但當別人諂媚到自己頭上來時，你未必抗拒得了。

爲什麼不能接受諂媚呢？因爲，諂媚只能讓你獲得一時的快樂。諂媚者說的都是違心的話，這正是諂媚與由衷讚美的根本區別。

諂媚的人之所以說出違心的話，是因爲心中有所企求，這個要求又是無法經由正常的管道獲得滿足的。可以這麼說，如果他有眞本事通過努力獲得滿足，他就用不著對任何人諂媚了。

所以，接受諂媚、滿足虛榮之後，你往往得犧牲某方面的利益作爲代價，這顯然並不划算。

相對的，如何用恰當的方式恭維上司，則是上班族在職場活動中必學的課程。羅斯福總統的副官布德，曾經尖銳地批評那些喜歡處處恭維羅斯福的人是「瘋狂的搖尾者」。

布德十分欽佩羅斯福，但他決心不做這樣的「瘋狂的搖尾者」，可是，沒有幾個人能像他那樣深得羅斯福賞識。

實際上，偉大的人物並不喜歡整天被人恭維和讚頌，尤其是羅斯福，他看不起那些滿嘴只會說恭維話的人，他更歡迎批評他的朋友。

布德就是深知羅斯福的這種心理，採取逆向操作，而達到自己恭維的目的。

所以，有時候當面的恭維並沒有益處，反倒是間接的頌揚能發揮強大的功效。

捫心而問，當你知道某某人在你的背後說你好話，你會不高興嗎？

這樣的讚揚話語當面說，或許收不到良好的效果，因爲人很自然地會去懷疑面對面說話的人的誠意，但對於背後聽來的讚美就覺得非常順耳，因爲誰也不會懷疑讚美者的眞誠。

吉斯斐爾勳爵說：「這種馭人術，是一種最高段的技巧。在人的背後稱頌人，那聽的人因為想獻殷勤，會自動地把你的話傳述給你所讚頌的人，甚至會再加油添醋一番；在各種恭維方法中，這種方法要算是最悅人，也最最有效的了。」

還有一種間接的恭維方式，是借別人的話來達到你恭維人的目的。

譬如，倘若你的上司自認爲對收藏方面頗有鑑賞力，你可以當著他的面說：「某某人曾談起你對收藏方面的鑑賞力實在無人可及。」

他聽了之後，肯定會覺得高興。

這個方式，不外乎使你想要恭維的人，自以爲是別人在頌揚他那優秀的能力，而實際上則是你當著他的面，把你的恭維變成爲別人的頌揚。

要有吃更多「乳酪」的慾望

職場生涯要變成什麼模樣，自己要晉升到什麼位置，真正的掌控權其實操縱在自己的手中，必須在腦海中提醒自己要有「進取精神」！

作家王爾德曾經寫道：「除了誘惑之外，人什麼都可以抗拒。」如過你想讓自己所管所用之人對你言聽計從，最有效的方法，就是用具有誘惑性的「願景」，讓他們心甘情願地臣服於你的領導。

前新加坡總理李光耀曾經說過一番膾炙人口的話，相當受用於想要成為優秀領導者的人，他是這麼說的：「如果我們不敢挺身追求並捍衛我們的利益，我們就會是失敗的。」

沒有強烈的進取心，完全被周遭的人事物驅動的人生，毫無疑問的，將會是庸庸碌碌的人生。

一般而言，能夠在職場生涯中不斷升遷的人，大都懂得努力突破現狀，並且持續保有強烈的進取心，當他們面對生活或工作時，都會以精益求精的進取態度，追求更高層次的成就。

唯有如此，他們才有機會施展自己的管人用人智謀。

也就是說，他們心中時時刻刻保持著想獲得更高地位的慾望。

一個人倘若安於眼前的現狀，勢必會不求長進，在原地打轉，甚至在「職位爭奪戰」中被淘汰出局。

一般而言，安於現狀的人，大都欠缺乏應有活力和鬥志，給人毫無作爲的印象。有的人自以爲「我的能力只有這種程度」，往往只求維持現狀，他們的觀念中並沒有「維持現狀就是退步」的危機意識。因此，當他們面對層出不窮的變化，或者對手激烈競爭，就變得手忙腳亂，難以迎頭趕上。

在這個瞬息萬變的新競爭時代，追求突破，不囿於現狀，是每個領導者必備的生存要件。因爲，倘若你不主動培養進取之心，便難以更上一層樓，隨時可能慘遭競爭洪流滅頂。

通常情況下，人們處於物質或精神上的滿足狀態時，就不自覺地變得不思長進，然後以種種藉口，把自己安於生活現狀且無意求取進步的心態，歸結爲各式各樣的理由，甚至以似是而非的理由責備他人。

其實，說這些話本身就是沒出息的表現，這些人即使沒有這些藉口，也不會主動去培養進取精神。

必須叮嚀自己，職場生涯要變成什麼模樣，自己要晉升到什麼位置，眞正的掌控權其實操縱在自己的手中。

千萬不要忘了，必須在腦海中提醒自己一定要有「進取精神」！

因爲，「進取精神」是自我鞭策的原動力，它將使你在工作生活中，獲得源源不斷的升遷機會。

讓部屬照亮你的人生之路

一個英明的領導者，不論什麼時候都不能忘記誠心誠意地對待你的部下，從而讓你的世界亮麗起來，因為，部屬可以照亮你的人生之路。

美國前總統雷根被人們稱爲「偉大的溝通者」，絕非是沒有緣由的胡吹瞎捧。在他漫長的政治生涯中，自始至終都深切地體會到與各階層人士溝通的重要性。即使在總統任期內，他也堅持花一定的時間收閱來自美國四面八方的民眾來信，以誠心來傾聽他們的心聲和內心感受，瞭解國民的心態和感受，並把這些作爲自己決策的重要依據之一。

他請白宮秘書每天下午交給他一定數量的信件，看過之後，他還要利用晚上的時間親自回信。

歐巴馬總統也同樣如此，常常利用現代通訊技術與一般民衆進行面對面的交談，透過種種方式來瞭解美國人民對政府工作的意見，和他們的眞實想法，並且表達他對人民疾苦的眞摯關心。

退一步來講，就算他不能眞正及時回答所有美國人的問題，但作爲國家元首，親自傾聽民衆的意見、抒發自己的想法，本身就是一種「誠意」的展現。

當然，這與美國的民主制度、白宮傳統、民族精神和國民素質，有一定程度上的關聯。這也與民主國家的競選制度有關，在位總統及總統候選人爲了籠絡民心，或爲了贏得選票，不能不注重與國民的聯絡。

一百多年前的亞伯拉罕．林肯總統也是一位爲人稱道的「平民總統」。當時，凡是美國公民都可以直接向總統請願。林肯總統會請秘書或白宮其他官員做出答覆，有時候，他自己也會親自回覆請願者。

爲此，林肯總統還遭到一些批評。當時正是美國南北戰爭、北方諸州緊急待援的時候。很多人大惑不解地問道：「爲什麼你要花這麼多時間，去處理這些瑣碎的事情呢？」

林肯常常回答說：「我認爲，瞭解民意是美國總統的首要職責，因爲我是人民選出來的總統。如果我在某些方面做出了不利於美國人民的事情，我想上帝都不會原諒我的。」

福特汽車公司北美市場部處長理查．芬斯特梅切爾，常常對他的同事們說：「我辦公室的門永遠是開著的，如果你經過時看見我正在座位上，即使你只想打個招呼，隨時歡迎你進來。如果你想告訴我一個新點子，或提什麼新建議的話，也歡迎你進來坐坐。千萬不要以爲必須通過分處經理才可以和我說話。」

要唸好人際關係這本經，不用圓滑世故、花言巧語，也不用故弄玄虛。有了一個「誠」字，就具備了處理好各式各樣人際關係的基本前提和條件；反之，則成爲無益的空談。一個英明的領導者，不論什麼時候都不能忘記誠心誠意地對待你的部下，如此才能拉近心與心之間的距離，從而讓你的世界亮麗起來，因爲，部屬可以照亮你的人生之路。

擺出「一本正經」的道具

重新檢討你的辦公室有沒有「重新裝修」的必要，也許你上次未能順利晉升，就是因為少了這些關鍵性的「道具」。

法國作家羅曼羅蘭曾經告訴我們：「人與人之間之所以產生那麼大的差別，就在於他們有一些是積極的，有一些是消極的。」

如果你想在工作場合出人頭地，有一番超越別人的成就，首先就必須建立起讓別人肯定的良好形象，如此一來才可能獲得自己想要的地位，進而站在有力的地位實踐自己的抱負。

一個領導人有沒有能力獲得自己想要的形象和地位，其實從辦公室的佈置就可以看出一二。

一般的辦公室，辦公桌後面通常是放置檔和書籍的牆櫃。

對有些人來說，這個牆櫃只是用來放放文件，但對懂得包裝形象的人來說，它可以是公關工具，而且是「具有攻擊性的公關工具」。

有個朋友辦公室書櫃裡的書幾乎清一色是精裝書，大多數是貿易和財經企管類的專門書籍。書架裡也擺放了一些報政治、經濟之類的刊物。

另外，也擺放了一張一家三口的照片。

他深諳形象包裝的技術，妥善地善用這個書櫃，達到公關作用。

區區一張全家福照片，無形中便已告訴每一個人，這個辦公室的主人，是一個愛護家庭的男人。

儘管這位朋友平常其實有不少的「夜生活」，但憑在辦公室放置一張家庭照片，便可建立一個適當的形象。

那些書報雜誌選得更正確，因為在一家公司裡，能夠在熟悉本身業務的同時，關注政治、經貿、金融等業務資訊，便給人一種「負責任」、「求上進」的印象，這種人通常會被視作誠實可靠的商人。

當然，書放在那裡，總得「每本書且看五分之一」，以便萬一頂頭上司或客戶進來看見，和自己聊起來某本書時，能侃侃談上一番。

報刊的選擇也有一定的道理，堂堂一個主管的辦公室，如果放的是娛樂方面的雜誌便不符合自己應有的形象，即使你對明星生活和名人緋聞特別感興趣，也不可以讓其他人知道。

在辦公室裡擺設這些「一本正經」的東西，其實是建立一個正確的形象。這些道具一擺出來，上至上司、下至部屬都看得見，眞是妙極了。

提醒你，重新檢討你的辦公室有沒有「重新裝修」的必要，也許你上次未能順利晉升，就是因爲少了這些關鍵性的「道具」。

如何讓別人為自己賣命

一個領導人必須先具備「為公」的寬廣胸懷，然後再發動溫情攻勢，經營好自己的「私人關係」。

在感情方面進行投資，有時會創造意想不到的功效，作爲領導者，應該深諳其中的奧妙，適時地讓溫情效應發酵。

一九四九年，國共「三大戰役」結束後，取得半壁江山的中共解放軍，積極進行渡越長江的前置作業。

可想而知，一旦長江防線被解放軍突破，蔣介石政權滅亡就指日可待，因爲，首當其衝擊的，就在位於長江沿岸的首都南京。當時，蔣介石的國民黨軍隊中，有一位上將奉命在長江南岸佈防，由於受失敗情緒的影響，士氣相當低迷，竟然和其他三位軍官一起在防禦工事的地堡裡打起麻將。

當天夜裡，蔣介石恰巧巡視到該地。他悄悄地走到地堡裡，一語不發地看著這四位賭博的軍官。過了一陣子，終於有人發現身後多了個人，抬頭一看，居然是蔣委員長，四個人嚇得面無血色，唇齒打顫，雙腿發抖，以爲這下子腦袋保不住了。

豈知，蔣介石當時並未發怒，也未加以斥責，而是慢慢地走到桌前，坐了下來，輕輕地說了聲：「繼續玩！」

蔣介石的牌技不錯，不一會兒就贏得了一大把鈔票，他將這把鈔票推到站在身邊，還在發抖的將軍面前說：「都拿去吧，補貼一下家用。」

幾位軍官見狀，感動得熱淚盈眶。這時，蔣介石站起身，很嚴肅地向這四名軍官行了個軍禮，懇切地說：「兄弟，一切拜託了！」

就在幾位軍官哽咽不已的時候，蔣介石又一言不發地走了。後來，在中共百萬大軍渡過長江的時候，這幾位軍官率領士兵浴血頑抗，寧願戰死也不降。長江防線被攻破後，那位將軍毅然決然地舉槍對準自己的腦袋，飲彈自盡了。

這位將軍生命的最後一刻，腦海裡閃過什麼景象，其實不需要心理學家加以分析。他必定憶起了蔣介石查勤的那個晚上的情景，想起了蔣介石的軍禮，以及那一聲凝重得讓人窒息的一聲——「兄弟，拜託了！」

所謂「女爲悅己者容，士爲知己者死」，上面這個例子說明了，一代梟雄蔣介石善於籠絡、收買人心的一面，不愧是個擅長利用溫情攻勢的領導統御高手。

他加入國民黨之後，即對黨內各股勢力的恩怨情仇和利益糾葛詳加分析，並且妥善經營自己的人際關係，終於躍爲黨政軍最高領袖，幾乎所有當道的黨政要員和將領全是他的親信或嫡系。雖然他的歷史評價毀譽參半，行事也有可議之處，不過在經營人際關係與領導統御的技巧方面，仍然值得學習。

必須注意的是，無論你是哪個層級的領導人，經營人際關係的立足點，應該是爲自己領導的部門創造績效、謀求最大利益，而不是居於私心拉黨結派。

一個領導人必須先具備「爲公」的寬廣胸懷，然後再發動溫情攻勢，經營好自己的「私人關係」。

透過應酬把人看得更透徹

商務上的交際活動，其實就是在相互觀察對方。因此，每一個上班族都應該認真看待商務活動，絕對不可以掉以輕心。

一般而言，當一個上班族晉升到某個階層後，就免不了要花費更多的時間、精力從事商務交際。

在商務活動中，爲了獲得某種利益，有時必須營造一種特別的人際氛圍。有人認爲商場就是赤裸裸的金錢關係，根本就不存在人情，所謂商務交際只講「利益」，而不講「道德」。

這種說法既不準確，也不全面。我們必須知道，感情聯絡仍是商業交往不可缺少的潤滑劑，誠實與信譽更是生意人的無價之寶，能發揮事半功倍的效果，甚至能獲得金錢不能達到的特效。

同時，你也要明白商場如戰場，因此在商務交際中可得多留幾個心眼，不可沒有防人之心。

請認眞處理好你的人際關係吧，它會給你帶來滾滾財源！

商務交際，是以另一種場合、另一種氣氛來推動商務的活動。

有些人在商務交際活動時，有著與平時截然不同的表現。例如，有的人平時沉默寡言，在商務交際活動中卻談笑風生；有的人平時道貌岸然，但在交際應酬時遇上美麗的女性，卻會說出有失身分、有損人格的話來。

參加商務交際活動對於企業經營者或領導階層來說，是有必要的，在應酬中可以觀察一個人，把人看得更全面。

想要觀察一個人，首先得讓他把平時在工作環境裡看不到的一面表現出來，這樣才能把你想瞭解的人看得更透徹。

有的人認爲，商務交際活動不是正式場合，可以隨意些，有時喝了一些酒，趁著酒興，言語、舉動便少了許多約束，眞實性情也就不知不覺地露了出來。

如此一來，無論是生意上的合作夥伴或是競爭對手，都能把他的眞實性格看得更清楚，對以後彼此關係的進展會有很大幫助。

俗話說「知己知彼，百戰不殆」，所謂的知，包括了對自己與對對方性格的深入瞭解。一個人的性格對行爲會有很大的影響力，而行爲則是決定一個人成功與失敗的關鍵。因此，瞭解合作夥伴或是競爭對手的性格，便可以在心裡對他做出較爲準確的推算。

商務上的交際活動，其實就是在相互觀察對方。

因此，每一個領導者都應該認眞看待商務活動，絕對不可以掉以輕心。

PART 8

別在屬下的腿上拴一條繩子

信任的力量是無窮的，
身為公司或單位的領導人，
應充分相信和信任部屬的能力，
否則，縱然自己做到累死，
也難有大發展。

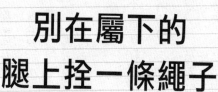

給人留面子就是給自己留後路

無論是什麼人，都不願意別人揭自己的舊傷疤，所以當別人舊事重提時，憤怒就油然而生了。

不管在什麼情況下，不管你多麼生氣，批評一定要對事，而不要對人。俗語說：「樹有皮，人有臉」，所謂的臉，就是一個人的自尊。領導者在批評下屬時，一定要注意不能傷害下屬的自尊心。

當然，不同的人有不同的性格，對於批評，每個人自尊心的敏感程度也不一，因此要視不同物件，採取不同方式批評。對那些自尊心較強和敏感的人，要儘量小心說話，對他們犯的錯誤點到即止；對於那些臉皮比較厚的人，語氣則可以適度加重些，如此才能使他們意識到所犯錯誤的嚴重性。

傷害別人自尊是最愚蠢的行爲的，因此，一般人不會這麼做，但是，在情緒不好或是發怒的時候，就難以控制了。譬如，你看到下屬犯了一個錯誤，也許並不那麼在意，但是心裡一煩，就隨口罵了一句：「笨豬！」

結果會是什麼呢？堅強一點的下屬也許什麼都不作聲，只在心裡默默地回罵，懦弱一點的也許就含著淚水離去。

爲什麼簡簡單單的兩個字會造成這樣的結果？

原因非常簡單，因爲你傷害了別人的自尊心。

每一個人都有自尊心，即使他們是在犯錯的情況下，也別以爲他們錯了，你就可以隨意地數落他們。須知，在自尊和人格上每個人都是平等的，你如果不顧及下屬們的自尊，把他們逼急了，他們也會反過來刺傷你的自尊與尊嚴。

揭人隱私是最傷人自尊心的一種形式。每個人都有不爲人知的秘密或隱私，在他過去的工作或生活歷程中，他也許曾犯下錯誤，甚至做過不光彩的事情。如果你知道內情，在你的下屬犯錯誤或和你有不同意見而出言頂撞的時候，你將會怎麼辦呢？是趁機揭人隱私，還只是就事論事？

一位聰明的領導者，是不會把別人過去的不堪情事一股腦地抖出來的，如果你這樣做，那就太沒水準、太沒涵養了。

有些領導雖然不會把別人的隱私抖出，卻常常把它當作籌碼來壓制下屬。譬如，在盛怒的時候會說：「你少跟我鬥，你過去的黑資料還在我手中呢！」可憐的下屬會因爲的確有污點掌握在別人手中，只好忍氣吞聲，但心裡卻是非常氣憤，於是，這種心情積累到一定程度，就會出現互相攻擊對方隱私的情況。

當彼此都把對方的隱私抖出來，弄得兩敗俱傷，除了引來一大堆人圍觀看戲之外，對誰也沒有好處。因此，你要清楚，揭人瘡疤是最糟糕的行爲。每個人都難免有傷痕，更何況，工作是工作，又何必牽扯到個人的生活和隱私上去呢？

也許有人會說：「我並不是喜歡揭他的瘡疤，但是，他的態度實在太惡劣，我才忍不住這麼做的。」

這話乍聽之下似乎有道理，但實際上只說明自己胸襟太狹窄。

你在態度惡劣的下屬面前，可以採取兩種方式：一是不理他，要不然就狠狠地教訓他一頓，如果的確有必要借助揭過去的污點教訓他的話，最好採用暗示的方法，說：「過去的事情我在此就不多說了，你自己心裡明白。」

這種點到為止的方法，通常會讓態度惡劣的下屬有所警惕。

有一項調查指出，凡是喜歡翻舊帳的領導者，也喜歡把今天的事情往後拖延。這種拖拖拉拉的人，指責下屬也不乾脆，甚至當下根本就不表露他的批評態度，而在心裡說：「到時候，看我不整死你才怪！」

為什麼舊事重提會引起下屬們的厭惡和反感呢？這是因為無論是什麼人，都不願意別人揭自己的舊傷疤，所以當別人舊事重提時，憤怒就油然而生了：「好啊，你原來是一個愛揭人瘡疤的小人。」

這樣一來，不但他從此不再信任你，而且處處提防，形同仇敵。

當你對下屬說：「你不要以為過去的事情沒有批評你，你就得意忘形了」或者諸如「過去的事還沒跟你算清，新的事又來了」的話，下屬肯定會心中發毛，認為原來你是這樣的一個卑鄙小人，過去的事還念念不忘、抓住不放，看樣子，在這種人下面工作，是沒有什麼出頭之日了。

看穿小人的真面目

我們的生活周遭不乏一些虛偽和奸詐刁悍的小人，他們為了個人的私利，專門在人與人之間挑撥離間。

身為一個領導者，不能過度強調人性的光明面而對部屬不加以防範。因為，人性並不完美，因此如果你的眼中看見的都是正人君子，那麼，就註定你要因為自己不長眼睛而遭殃。

這個世界是善良的人和卑鄙的人共存的，以任何先入為主的觀念去看待一個人，只會使自己蒙受損害。

應該說，絕大多數人是真誠和善良的，但我們的生活周遭也不乏一些虛偽和奸詐刁悍的小人，為了個人的私利，專門在人與人之間挑撥離間。這樣的小人一經發現，應該給予最嚴厲的譴責。

儘管挑撥離間是很隱匿的欺騙行為，但也有一些方法可以識破的。防止和識破離間術，可以從以下幾個方面進行分析。

小人要想達到離間別人的目的，必須與被離間者發生互動關係。因為沒有聯繫就無法擴大被離間者之間的誤會、矛盾，再高明的離間術也難以實施。所以，對於原本與你沒有交情卻突然表現得很熱絡的人，必須格外嚴加提防，因為他很有可能正在進行挑撥離間的勾當。

一般說來，小人只會為自己的利益設想，不顧所謂道義或情誼，因此往往是被離間者發生衝突後的最大受益者。

俗話說，「隔山觀虎鬥」，在一旁冷眼「觀鬥」的人，很有可能就是離間者，也是一場「爭鬥」的最後的勝利者，因為當「爭鬥」的雙方筋疲力盡或兩敗俱傷的時候，「鬥」觀的人只要輕輕一擊，就可以成為雙方生命的主宰。

這樣的人是最為陰險的人，只要針對人際衝突的利弊得失進行分析，就有可以識破離間者的眞面目。

但是，再怎麼高明絕倫的離間計，都一定會留下一些反常的痕跡。因此，對反常的行爲認眞分析，進而逆向推演，弄清人際衝突的來龍去脈，對於防止和識破離間術會很有幫助。

總之，想要識破小人的離間術，必須對整個事件進行綜合分析，既不能盲目猜忌，又不可掉以輕心。

當你與上司、部屬或同事發生衝突與矛盾時，一定要冷靜分析矛盾產生的原由，提防小人趁機進行分化，要以公司的整體利益爲重，採取息事寧人的態度，儘快消除彼此的矛盾和隔閡，達到新的團結。

如何看得懂別人的行為語言？

人是世界上最複雜的動物，要想從外表的言行對一個人獲得真正的瞭解，是一門艱深的學問。

想要和上司或部屬輕鬆相處，摸清他們的習性是相當重要的。

但是，人的個性都有顯性與隱性的部分，有時並不是那麼好掌握，英國思想家培根就曾經說道：「人的天性是相當狡猾的，它可以在你警惕的時候潛伏下來，當你放鬆時再冒出頭。」

有的人平時表現出的性情，是經由環境壓抑或是下意識刻意包裝的，因此，想要成爲一個優秀的領導者，就必須透過旁敲側擊與審愼的深入觀察，瞭解他們最眞實的內在性格。

要瞭解一個人的脾氣和性格，應該從研究他的情緒反應著手。

要測知別人的反應，必須懂得察看反應情緒的臉部變化和身體動作——即爲行爲語言或是肢體語言。

注意他的一切姿勢，他的語調的改變，以及他的音調聲色的改變！注意他四肢的動作，他眼睛的神色，同時注意他的一切表情！

如果你把握住了這些線索，還是看不出對方的全部個性，那麼，還需進一步做些什麼觀察呢？

你要猜度對方的心理，是什麼東西讓他覺得可怕，什麼東西使他憤怒，什麼環境使他覺得很愉快。其次，則是要觀察什麼事情會引起他的自得，什麼東西才能吸引他的全部注意力。

只要把上面這些問題試著記熟，照著去觀察對方，必然可以發現和認識得更多。

假如找不到一個實驗的環境，你不妨自己創造一個新的環境，或是提幾個與實驗相關的問題。

例如你讚賞他幾句，挑撥他幾句，譏笑他幾句，故意斥責他幾聲，然後觀察他的動作和面部表情如何，他情緒的泉源潛伏在何處。

隨時注意他反應出來的表情和語句，其中含有什麼樣的意向。這樣，你對他自然會有更深刻的認識。

科學的看相，自然是識人察人應當學會的重要本領，尤其是一個領導者在選擇可靠的下屬或「靠邊站」的時候，切不可輕視這門學問。

你對人認識得越清，就越能保證自己選擇的部屬會忠於自己，也能保障投靠的對象會拔擢自己。

當然，人是世界上最複雜的動物，要想從外表的言行對一個人獲得眞正的瞭解，是一門艱深的學問，需要在具體操作中反覆的實驗、學習、總結。

別在屬下的腿上拴一條繩子

信任的力量是無窮的，身為公司或單位的領導人，應充分相信和信任部屬的能力，否則，縱然自己做到累死，也難有大發展。

信任部屬是領導者的通行證。

一個團體或公司的大小事務，如果都必須由領導者一個人單獨去做的話，領導者縱使有三頭六臂也無可奈何，因此，必然得把一部分任務和責任交由下屬去完成、承擔。至於領導人對於部屬能不能充分授權，那就牽涉到彼此之間的信任問題。

有的人把任務分派給下屬後，依然喜歡事無鉅細地干涉和盤問，使得下屬處於爲難的境地，左也不是，右也不是。有的領導人則在提出辦事的大原則之後，對具體作法毫不過問，完全地交付下屬去完成。

比較這兩種不同的方法，很顯然的，第二種要高明得多，不但可以促進上司與下級之間建立和諧而信任的關係，也可以充分發揮下屬的積極性，檢驗他的思維和辦事能力到什麼程度。

相反的，那些不信任下屬的人，無異於在下屬的腿上拴一條繩子，看他們走偏了一點，就把繩子收得緊緊的，硬把他們拉回來。長久以往，下屬們自然不敢再走路，從而也就把他們的創造性、主動性也抹殺了。試想，做上司的對下屬一點都不信任，下屬又怎能信任上司呢？

信任的力量是無窮的，身爲公司或單位的領導人，應充分相信和信任部屬的能力，否則，縱然自己做到累死，也難有大發展。

因此，你只應決定事情的大原則，其他的細節和過程部分就交給你手下的人去辦理，他們在事情的細節方面，說不定比你瞭解得還要多。

但是，領導者在用人方面，自己一定要先進行考察，當你把任務交給下屬，並不代表你就可以把自己的責任推卸得一乾二淨，因此，如何用好得力的下屬是至關重要的。如果事情進行到一半，你忽然發現下屬的方向或方法完全錯，想再加以修正補救的話，不僅會影響到你的威望，也會對公司造成損失。

因此，領導者在把任務交給下屬去辦理後，也要進行適當的調查和溝通工作，透過下屬的彙報、本身親自考察等形式來瞭解工作的進展。

所謂「用人不疑，疑人不用」，並非不察人而用人，而是察人之後把任務大膽地交給可信之人。

用人時要有「你辦事，我放心」的氣魄，在把任務交給下屬去辦理時，要使他們感覺到「這件事交給你去辦准沒錯」，他們就不僅會在工作上全力以赴，同時，也會自然地對你產生親近感和信任感。

在適當時機使使性子

如果我們不能以人的姿態出現在上級面前，時間一久，連上司也自然而然的將你看成一匹馬或者一條狗。

無論目前的工作境遇對你來說是多麼不公平，你都沒有理由逃避、拋棄。你必須設法去改變，使自己成爲一個強者，維護和保持你作爲人的尊嚴和人格。

什麼人才是職場中的強者？

只有挺直腰桿做人的人才配得上這種稱號。

可能會有讀者要反駁：現在的上班族幾乎是聽任上司使喚，有時候甚至成了任人騎的馬、任人使喚的狗，還能如何保持自己的尊嚴和人格呢？

其實，這種想法是錯誤心態所致。每個在職場辛勤工作的人都希望獲得合理的報酬，也希望透過努力而步步高升。

一般來說，作爲下屬必須保持與上司的良好關係，以及對上司應有的服從與尊敬。可是，如果爲了百分之百服從上司，表現出唯唯諾諾、喪失自我尊嚴的態度，不能以人的姿態出現在上級面前，時間一久，上司自然而然將你看成一匹馬或者一條狗，對你招之即來，揮之即去。

如果你在他的面前完全喪失自我，完全爲他的威儀消融，那麼就失去身爲一個人應具備的特質。

如果是這樣，你還有什麼晉升的希望呢？

如果是這樣，你還談什麼個人的前途呢？

因爲你在他面前已經等於零，有你無你都一樣，提拔與不提拔你根本毫無差別。

所以，尊敬和服從上司的時候，還必須記住：適當的時候不妨使使性子，不妨帶點「刺」。但是，選擇使性子的時機和場合一定要適當，也必須把握得恰到好處，不要出現「過」與「不及」的情形，否則就會適得其反。

譬如，你的上司決定要做一件愚不可及的事情，你就必須適時加以反對，不要一味順從他的「餿主意」。

如果他是一位有點智慧的上司，只要經過充分分析，必定可以說服他，使他明白自己的失策和認識上的偏差。

經過這件事，他會認爲你是一個有頭腦，也很有膽識的人，而非那種庸庸碌碌的等閒之輩。毫無疑問的，這對你以後的升遷將產生重大影響。

但是，如果這位上司私心較重且極要面子的人，那麼你就要三思而後行，要考慮到在正常工作以外，是否還有其他因素，然後以委婉的態度告訴他可能出現什麼不良後果。如果他執意照原定計劃進行，事後必定會後悔沒聽從你的建言。

如果你貿然以激烈的態度加以反對，可能會激怒這頭「獅子」。或許他在口頭上贊成你的意見，或是誇獎你，但心裡卻對你恨之入骨。

「趁火打劫」有什麼不好？

「趁火打劫」是司空見慣的事，有時候運用得當，對方根本不會認為你是在趁火打劫，甚至還會感激你，認為你是在「雪中送炭」。

想要在職場比別人早一步出人頭地，有時必須運用「趁火打劫」的謀略。一般人會對「趁火打劫」的行爲感到鄙夷與不屑，認爲這是不道德的行爲。其實，這種觀念未免過於迂腐，如果你一味這麼認爲，那就註定一輩子當個庸庸碌碌的上班族，讓別人踩著你的肩膀往上爬。

敵我交戰的時候，如果你認爲趁敵人疲憊或內訌時發起攻擊，是不道德的行爲，那麼，等到敵人休養整頓過後，你可能就會一敗塗地。職場生存法則也是如此。

任何的謀略都是超越舊有觀念和道德標準的。因此，趁火打劫的計策，既可以用於政治、軍事，當然也可以用於商業競爭和職場升遷。

在商業社會運轉和人際交往的規律中，「趁火打劫」是司空見慣的事，有時候運用得當，對方根本不會認爲你是在趁火打劫，甚至還會打從心裡感激你，認爲你是在「雪中送炭」。

「火」並不常有，有些人在「火」起之時，常常因爲瞻前顧後、怯於下手而坐失良機，稍一猶豫便無利可劫。

只有目光敏銳、身手快捷的領導者，才能「火」起而人不亂，抓住有利機會迅速出擊，從中獲得罪豐碩的利潤。

又如，與你心存芥蒂的上司或同事遇到痲煩，如果你想化解彼此的心結，不妨適時伸出援手幫他一把，他必定會對你心存感激，你們間的芥蒂自然會消失。

培養「順手牽羊」的能力

人生處處是驚奇，平時就要培養見微知著的洞察力和「順手牽羊」的應變能力，一旦「羊」出現的時候，就能辨認出來，隨即牢牢抓住。

英國著名的詩人布萊克曾經寫過一段有趣的格言詩：「如果你在機會成熟之前就捕捉它，你必將抹後悔之淚；可是，一旦你把成熟的機會放走，那麼你就永遠抹不乾傷心之淚。」

這番話告訴我們，想要登上成功的殿堂，既不可操之過急，也不能任由機運從身邊溜走，如何適時掌握機會，適度地加以運用，無疑是對智慧的一大考驗。

古人說：「聚沙成塔，積腋成裘」，又說「小富在勤，大富在天」，這些話都強調要想致富、成就大事，必須從小處著手，積少可以成多，如此才能夠為自己日後開創大業積累本錢。

爲什麼成大事、變大富要依賴「天」呢？

其實，古人所謂的「天」，還包含著機會的意思，也就是說，要善於把握住致富、成功的機會。

當今社會，競爭越來越激烈，不管從事什麼行業，光靠勤奮是不夠的，光靠財力也維持不了太長。

事業成功所需的因素相當多，機會就是其中一項重要的因素。

機會有一個最大的特徵，它是變動不羈的，而非固定不動的。所謂「機不可失，時不再來」，想要在激烈的社會競爭中獲得勝利，必須牢牢掌握住從身邊掠過的任何一個機會。

人生處處是驚奇，想要躍爲成功人物，平時就要培養見微知著的洞察力，和「順手牽羊」的應變能力，一旦「羊」出現的時候，就能將它辨認出來，隨即牢牢抓住，不讓它從眼前溜走。

這個謀略，對我們爲人處事也大有裨益。譬如，如果你常常感歎自己缺少知心的朋友。那麼，你不妨問自己：「我平時是否有交朋結友的迫切願望？我是否把握住了交友的機遇？」

想要結交知心的朋友，就要先讓別人留下好感。在交往和言談中，一旦發現潛在的好朋友，就牢牢抓住不放。

因爲，只有自己先擁有好人緣，眞正的朋友才可能被你吸到身邊。

職場的升遷法則也是如此，倘使你想獲得上司的器重和拔擢，想得到部屬的信賴和敬重平日就要注意細節，留意每個可以表現自己才華的機會，然後抓住機會，盡情地加以運用。

跪著走路，不會有好出路

在邁向成功的道路上，有時必須挺直腰桿走路，有時礙於時勢必須暫時屈膝。但是，一直跪著走路的人，永遠都不可能成就大事業。

在《雍正皇帝》這部電視連續劇中，七品小官孫嘉淦雖然對雍正皇帝忠心耿耿，但卻對他的失當之舉拼死力諫。

孫嘉淦的故事充分說明職場的升遷法則：一味地遷就和服從上司並不能使你平步青雲，反而會喪失自我，損害自己的尊嚴和價值。如此一來，不但升遷的機會減少，而且還會受到上司的唾棄。

例如，當時山西巡撫欺上瞞下，浮誇虛報政績，連皇帝也被他蒙蔽，還封他爲「天下第一巡撫」。孫嘉淦精於經濟，經過多方查證，收集了大量證據，充分證明這位貪官的罪狀。

於是，他就上奏雍正皇帝，要求處斬該巡撫，然而雍正礙於顏面，一直遲疑難決。因爲他認爲「天下第一巡撫」的稱號是自己封的，現在又要處斬這位巡撫，豈不是出爾反爾？

然而孫嘉淦卻毫不放棄，天天集眾上朝去鬧，使雍正皇帝又氣又恨，最終還是把那位巡撫給正法了。

經過這一事件，雖然雍正皇帝頗爲惱恨孫嘉淦，可是時間一長，還是覺得這樣有才能、有膽識的忠臣十分難得，因而將他連升三級，破格任用。

雍正皇帝的親信年羹堯，身爲清朝征西大將軍，曾爲清朝立下汗馬功勞，但卻居功自傲，甚至連皇帝都不放在眼裡。

雖然雍正皇帝對年羹堯的所作所爲瞭如指掌，但因爲他曾立下大功，貿然剷除會授人「誅殺功臣」的話柄，故而舉棋難定。

孫嘉淦則多次聯合其他大臣向皇帝施加壓力，甚至以跪諫的方式，揚言如不殺年羹堯他就不起來。雍正惱怒地對他說：「你到天壇跪到天黑，老天爺要是打雷下雨，我就殺了年羹堯。」

於是，孫嘉淦就到天壇去跪，一直跪到接近傍晚時分，說也奇怪，當天原本是烈日高照的天氣，後來卻雷電大作、風雨交加，大臣們感動得大哭起來，雍正皇帝也熱淚盈眶，還親自打上雨傘去將孫嘉淦扶回朝廷。由此，他才下決心要除掉年羹堯這個功高震主的權臣。

孫嘉淦並未因爲對雍正皇帝忠心耿耿，而淪爲一個唯唯諾諾的奴才，相反的，一直以耿直的態度勸諫雍正。他多次頂撞皇帝，並沒有影響他的升遷，反而頂撞一次，升官一次。

如果你在關鍵時刻，以適當的方式據理力爭，不但使上司發覺自己的錯誤，也可使上司和同事、下屬瞭解你的才華和膽識，瞭解你的人格和品行。

當然，在邁向成功的道路上，有時必須挺直腰桿走路，有時礙於時勢必須暫時屈膝。但是，一直跪著走路的人，永遠都不可能成就大事業。

如何防範身邊的小人

對於一時認識不清的人要格外防範謹慎，在相信一個自己不瞭解的人之前，一定要經過嚴格的考驗，遇事多聽別人的意見。

印度作家普列姆昌德曾經說過：「人的天性既非全黑，亦非全白，而是這兩種顏色的混合體。」

人性是無比複雜而又時時刻刻變動的，每個人都有良善的一面，也有邪惡的一面，只是所佔比率多寡而已。

其實，人性中的善與惡時時刻刻處於鬥爭狀態。

當一個人良善的光明面遠遠大過於邪惡的黑暗面，他就是一個四處受人歡迎的好人，而當卑鄙下流的思考模式徹底壓制光明正大的念頭時，他就會是一個走到哪裡都惹人嫌惡的小人。

小人歷來都是受人鄙棄的，因爲在一個團體裡，如果小人得勢的話，好人就會遭殃。然而，要識別一個人是不是小人，並不是易如反掌的事情。

小人往往虛情假意，處心積慮地想要欺騙別人；小人往往面善心惡，行事不露聲色，擅長僞裝。

小人會爲一己之私利，不惜損害團體的利益，但是，小人再怎麼狡猾，總會有破綻可找，總會有防範和識破之道可循。

惡人也是小人中的一種。惡人通常指那些陰險、狠毒、不擇手段去算計別人的人，這種人是小人中危害性最大的，也是最需要特別防範的一種人。

在公司中，總有一些善良的人會被毒蛇一樣的惡人欺騙、陷害。對於這種人如果不多加警惕，心慈手軟，就會遭到他們的毒手。

有的人明明知道自己的某位同事或下屬是個壞人，曾經背叛、陷害過自己，卻存著僥倖的心理，相信他能悔過自新、痛改前非，不加以小心提防的結果，就是再一次吃虧上當。

另外，有一種人能夠認清陷害過他的惡人，拒他們於千里之外，因此不會再受傷害。但是，對於沒陷害過自己的惡人卻認識不清，儘管有人一再警告，但是因爲沒有親自領教過這種惡人的狠毒手段，因而不加提防，直到自己遭遇不測，才痛心疾首，恨之入骨。

這種不見棺材不掉淚的人，只相信自己的親身體驗而不相信別人的教訓，只接受自己的經驗而不善於吸取別人的經驗，結果可想而知。

誰都曾被小人陷害過，重要的是要吸取經驗教訓，提自己的高洞察力，對於一時認識不清的人要格外防範謹慎，在相信一個自己不瞭解的人之前，一定要經過嚴格的考驗，遇事多聽別人的意見。

PART 9

職場像戰場一樣險惡

有人說職場如戰場，這是因為在職場，人與人之間充滿著高度競爭，一不小心，人際關係就會陷入險惡的境地，像作戰一樣必須拼個你死我活。

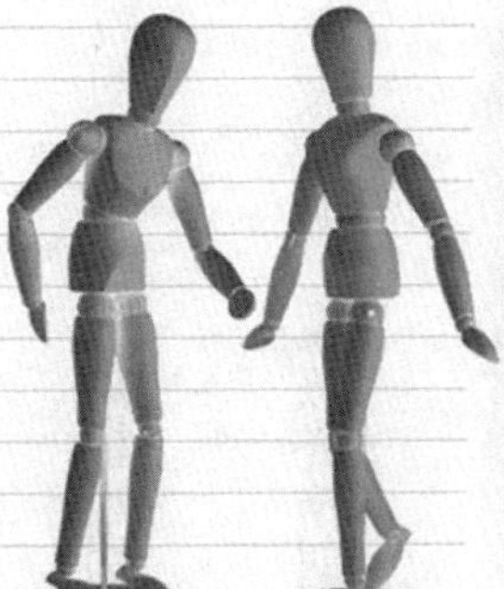

不要老是拿別人當替死鬼

如果一出了問題，你就把責任往下屬身上推，拿下屬做擋箭牌、替死鬼，那麼，毫無疑問的，這個下屬從此就有可能對任何工作都不再熱心。

法國哲學家拉羅什富科曾經說：「沒有什麼比那些不能容忍別人過失的人，更經常犯下錯誤。」

這是因為，不能容忍別人犯下錯誤的人，往往剛愎自用，處世偏激浮躁，無形之中犯下更多錯誤。

因此，身為領導者想要批評責罵他人之前，應該先檢討自己是否也經常犯下一些不該販的錯誤。

穿衣要看天氣，批評也要看場合。

批評下屬一定要注意場合，而且不能罵得像潑婦罵街。

因爲，是大部分人都不願意看到上司斥責部屬，不願看到自己的同事被責罵。當然，有的人會幸災樂禍，但大部分的人是會站在這個被責罵者一邊的。

不注意場合隨意批評人的領導者，不僅會傷了部下的面子和自尊心，也會壞了自己的形象和威信。

有的人喜歡在衆人面前斥責下屬，並不是因爲出於氣憤，而是想經由這種方式向上級、客戶或其他部屬表明這不是他的錯，而是某個下屬辦事不力造成的。

事實上，這種做法是相當幼稚的。

一是，你既然身爲一個部門的領導，就得對這個部門的所有事務負起責任。如果你一味強調自己不知情、沒有錯，只會使你在掩飾的同時，暴露出你的另一面缺失，那就是你管理不力，或由你所主持制定的管理規則不健全。

更重要的是，你的這種推卸責任的行爲，會讓其他的部屬看了心寒，他們會覺得你是一個自私、狹隘、沒有器量的上司。

二是，如果一出了問題，你就把責任往下屬身上推，拿下屬做擋箭牌、替死鬼，那麼，毫無疑問的，這個下屬從此就有可能對任何工作都不再熱心。

而且，他心裡或許還會想：「好啊，這次你拿我當替死鬼，那我們就騎驢看唱本——走著瞧吧！」

更要命的是，如果你的部屬是一個急性子或脾氣暴躁的人，他也許當場就和你針鋒相對，大吵起來。

這時，他也許會把你一些見不得人的黑幕給抖出來，然後揚長而去，當著那麼多旁觀者，誰的處境最尷尬？最終還不是你丟了自己的面子。

在發生問題的時候，即使你確定是下屬犯的錯誤，也應該把他喊到辦公室，在沒有第三者的情況下進行批評。

跟對上司才會有出路

歷史上很多高士和名人之所以能夠名垂青史，有一個很重要的原因在於他們都深知職場法則，知道誰才能給自己最好的「乳酪」。

要成爲一個優秀的領導者，首先必須和自己的上司保持良好的關係，最爲關鍵的一點是要確立互相依賴、互相信任的良性聯繫。

這種良性聯繫應該包括以下兩方面：

第一，尋找你欣賞的上司。

第二，上司對欣賞的下屬應該委以重任。

只有將這二者結合起來，才能具備處理好上下關係的基本條件。

有人因爲擁有某些特殊專長，容易恃才自傲，不能用心發現能允許自己有較大發展的上司。

現實生活中，我們不得不承認，同樣是領導幹部，但每個人性情、喜好、價值觀念皆不同。對於同一個員工，有的上司可能說他油嘴滑舌、不學無術，但或許另一個上司會對他大加讚賞，說他機敏過人、頭腦靈活。

因此，在職場生涯想要不斷向上攀爬，不能完全處於被動狀態，在上司選擇我們的時候，我們也必須選擇上司——儘管有時候並不是那麼隨心所欲。

如果你的性格內向，不善言詞，而且短時間內不大可能改變自己，那麼，你要選擇的上司，應該是能接受你的性情，同時比較容易理解你的所作所爲、所思所想這種類型。

如果你是那種圓滑世故，屬於「手腳俐落，頭腦靈活」之類的人，那麼選擇上司的時候，也應堅持「求同存異」的原則。這樣一來，你就容易獲得認同，不需要花太多心思就可達到溝通的效果。

但是，必須切記，任何事情都有正反兩方面，在上司與下屬的關係上也是如此。

性情相同或相近的上司與下屬在一起共事，好處在於易於溝通，產生配合默契，工作效率相對較高。但是，也有一個致命的弱點，那就是你們太瞭解彼此的性格，雙方的缺點和短處也一覽無遺，盡收眼底，相處之時必須更加小心。

不過，從整體上來看，還是性格相同或相近的上下級在一起共事較為安當。所以，如果你發現上司在性格方面恰恰與你相反，那麼，你就應該儘量避開他而另謀高就，因為他可能無法給予你最好的出路。

如果上司是性格與你大致相同的人，那你就應該感到慶幸，只要努力，就可以爭取一個皆大歡喜的結局。

歷史上很多高士和名人，他們之所以能夠名垂青史，有一個很重要的原因在於他們都深知職場法則，知道誰才能給自己最好的「乳酪」。

「姜太公釣魚」就是一個典型的例子。姜子牙身懷經天緯地之術、有變通古今之才，可是到了八十歲還是沒能施展自己的才華、抱負，終日在渭水之濱垂釣，原因在於他要「釣人」，等待賞識他的伯樂到來。

後來，周文王慧眼識英雄，禮賢下士，請他輔佐西岐。至此，姜太公才獲得自己最想要的「乳酪」，於是與周文王父子一同創下霸業，名留青史。

另一個家喻戶曉的故事，是劉備三顧諸葛亮的茅廬，衍生出一段歷史佳話。

劉備為了復興漢室，三次前往諸葛亮位於隆中的住所，想請諸葛亮下山協助他完成大業，後來他三顧茅廬的誠意感動諸葛亮，諸葛亮步出茅廬輔佐劉備，成為蜀國第一謀臣。

諸葛亮為一代名士，感念劉備的知遇之恩，所以能為知己者而死。

由此可知，唯有知人善用、禮賢下士的領導人，才能給你最好的待遇，締造雙贏的局面。

上班族要學會與老虎共處

與上司相處的最佳狀態，應該讓上司認為你是不可或缺的人才，平時聽話順從，但在緊急狀況時又能發揮長才。

天底下沒有融化不了的冰山，職場上也沒有絕對不能和睦相處的上司和部屬，只要懂得用同理心，設身處地爲對方著想，眞心誠意地對待他們，就一定能換來他們誠摯的回報，讓自己往後的升遷之路暢通無阻。

眞正的管人用人高手，絕對不會得罪上司或部屬，讓自己疲於奔命。

一般來說，在上司面前應該以不卑不亢作爲準則。

過於露出「媚態」和「媚骨」往往會受人鄙視，造成不良的印象和後果。

雖然，上司有時也會對部屬的這種媚態表現出陶醉、欣慰的模樣，但稍有頭腦的上司，私底下都會認爲這種人不過是個「賤骨頭」，絕非成大事之輩。

這種心態是極其矛盾的，有時簡直可以說是難於理喻的。他平時需要下屬柔順似貓，唯唯諾諾，但在關鍵時刻，他所需要的，絕對不是這種奴性十足的部屬，而是可以幫他解決問題的人才。這時候，他就會毫不留情地將只會迎逢拍馬的部屬拋得老遠。

因此，在日常生活或工作場所，千萬不要當個媚態十足的「賤骨頭」，否則隨時都會面臨到被拋棄的命運。

封建時代有句警語說：「伴君如伴虎」，意思是說，臣子在侍奉君主之時，行事必須小心翼翼，既不可以亂捋虎鬚，也不能亂拍老虎的屁股，否則就會遭到吞噬。

到了現代，這句警語仍舊適用於下屬如何與上司相處。如果我們仔細觀察一下，馬戲團中纖嬌欲滴的女馴獸師是如何將兇猛無比的老虎擺弄得服服貼貼，一定會得到許多全新的感想與領悟。

上司與下屬到底是一種什麼樣的關係？難道僅僅是一種指揮與被指揮、趾高氣揚地發號施令與唯唯諾諾地執行命令的關係嗎？

絕對不是。如果你這樣理解，那麼就永遠不可能成爲出類拔萃的上班族，日後也不可能成爲獨當一面的領導幹部。

善於服從上司，恰恰是善於駕馭上司的人。

在職場平步青雲是許多上班族追求的圓滿境界，然而不卑不亢卻是待人處事的基本原則。如果說不會巴結上司的人沒有多大前途，那麼，缺乏尊嚴和人格，更是沒有出息的人。

在處理自己與上司的關係時，無論是「過剛」還是「過柔」，都是不成熟的表現，而且也是我們在實際生活中應當力求避免的弊端。

與上司相處或交往的最佳境界，毫無疑問應該是用「相得益彰」、「水乳交融」等等形容詞來表達。

應該特別指出的是，有的人以爲自己平時唯唯諾諾、唯命是從、勤拍馬屁，就會成爲上司跟前的紅人，成爲他的左右手，就會擁有比別人更多晉升的機遇。

這種人當然可能獲得一時的權勢與利益，但以此作爲座右銘的人，絕對沒有成大氣候的可能。

當然，有些昏庸的領導人會認爲，不能對自己唯命是從的人絕非心腹，因而那些拍馬溜鬚的小人會得到意想不到的重用。

其實，抱持這種觀點的人只看到了職場生態的一面，而沒考慮過團體或自己的命運將會如何。

譬如，在封建時代，如果君主昏聵無能，朝中小人當道，最後必然落得國破人亡的結局，君主成了亡國之君，那幫一時得意的小人也難逃被敵人一一處死，黃粱好夢並不長久。

所以，「伴君如伴虎」的心態，絕不是與上司相處的最佳狀態。眞正的最佳狀態應該讓上司認爲你是不可或缺的人才，平時聽話順從，但在緊急狀況時又能發揮長才，幫助他渡過難關。

如何讓批評恰到好處

對於那些心懷不滿的下屬，除了要進行嚴厲的斥責，也不妨聽聽他的牢騷，然後，再針對他們的心理和錯誤進行有效的批評。

身爲領導者，難免會批評部屬，但批評之時一定要注意自己的措詞。

批評不應該永遠是暴風驟雨，也應該有和風細雨的時候，這才是管人用人之時應該具備的最高智慧。

有時候，領導者對犯了同一種類型、同樣程度錯誤的人進行批評，但批評的效果卻完全不同，有的人接受了並積極改正，而有的人卻仍然我行我素，原因是什麼呢？就在於批評尺度太單一。

批評也要因人而異，因爲每個人對於批評的感受能力和敏銳程度，是有差別的。

因此，批評的時候，除了要顧及下屬們的自尊心，還要對他們的心理和性格進行瞭解，並考慮對什麼下屬用什麼批評方式。

對於一個領導者來說，有兩種下屬會比較容易接受批評，一種是性子比較直率的下屬，一種是能力和魄力比較強的下屬。

當然，要注意一種比較特殊的情況，有些下屬在心裡已經承認自己錯了，但由於自尊心比較強，一時拉不下臉，所以口頭上才拒不接受。對於這樣的下屬，你的批評一定要適可而止。

直率和有魄力的下屬，接受批評後會很快地振作起來，因爲他們通常不會把別人的批評牢牢記在心上而產生對抗心理，也不會過度去聯想別人對自己的態度，一投入工作，就什麼都忘了。

至於性格軟弱的下屬則不同，批評得稍微嚴厲一點，他們就受不了，會長久地記在心頭，甚至以後碰到類似的問題，就畏縮不前、膽小怕事。但他們有一個特點，就是對於間接式的批評比較容易接受。因此，對於這樣的下屬，你只要採取提醒性的方式，點到爲止。

每一個團體都有一些心懷不滿的人，這樣的人最不好管理，也最不好差遣。因爲，他們的自尊心很強，對別人的批評也非常敏感。但相對的，他們對於自己所犯錯誤又認識不清，總認爲別人是在藉機找自己的碴，對別人的批評也是充耳不聞，當成耳邊風。

因此，當你批評這種人一定要注意方法，因爲一處理不好，說錯了話，讓他抓到把柄，他就會大吵大鬧，鬧得不可開交。

批評這種人一定要有充足的證據，並且可以採取非常嚴厲的批評手法，因爲只有徹底地整治他，他才會痛改前非。

有時，只用一種方法去批評很難奏效，可以從另一個角度試試，像對軟弱的下屬批評，除了前面所提的提醒式外，還可以採用鼓勵式的方法。例如對他說：「我希望你下次能發揮出你的全部能力來」。「我認爲這種工作品質並不代表你的正常水準」……等等。

因爲，這種下屬對別人的評價很敏感，即使你不全部把話說出來，他也會知曉你話中的眞正意思。

對於那些心懷不滿的下屬，除了要進行嚴厲的斥責，也不妨聽聽他的牢騷，然後，再針對他們的心理和錯誤進行有效的批評。

例如，倘使他認為他在工作上所犯的錯誤並不大，是你為了整他而故意誇大的，你就可以把事實和前因後果向他闡述清楚，並考慮到他愛面子的心理，對他說：「你本來可以幹得更漂亮一點，怎麼老是心不在焉的？」「要把工作和生活分開，你很會享受生活，但在工作上還要認眞一點。」

不知馬性，不要亂拍馬屁

其實，學會讚美別人、讚美上司並不是一件非常困難的事，也不一定非得虛偽不可，重點在於如何以技巧性的話語說出事實。

法國哲學家盧梭在《愛彌爾》裡寫道：「對別人表示關心和善意，比任何禮物都有效，比任何禮物對別人還要有更大的利益。」

這番話運用在部屬與上司的關係之中，也相當適用。

身為一個想要出人頭地的部屬，應付上司一定要講究方法，否則極有可能丟掉你賴以為生的「乳酪」。

首先，你必須對上司的性格瞭如指掌，從而用相應的對策來適應他的個性和好惡，如此才能與他愉快共處。

拍馬屁的道理也是如此，倘若你尚未摸清上司的習性就亂拍馬屁，極可能發生「馬屁拍到馬腿上」的情形。

這個時候，上司如果是一匹性情暴躁的烈馬，很可能會一蹄將你踢成重傷。人的性情千奇百怪，馬也是如此，有著大異其趣的各樣性情，最常見的是喜歡戴高帽子的「馬」。

這種上司喜愛報喜，不愛報憂，只喜歡聽好聽的話，只要一聽到不順意的話就會耿耿於懷，一不順心就會給屬下臉色看。

對付這種人，講話要懂得拐彎抹角，如果你不喜歡說些虛偽的言詞，但又沒有過人之處，讓他不得不遷就你的才華，那麼，你就要設法改變自己的個性，否則就只有另謀高就一途。因爲，這種上司是絕對不會提拔你的。

其實，學會讚美別人、讚美上司並不是一件非常困難的事，也不一定非得虛僞不可，重點在於如何以技巧性的話語說出事實。

應該這麼想，每個人都他的長處，也有他的短處，只需在言談過程中「隱惡揚善」，對他的優點、長處加以適度地放大、突顯，豈不是皆大歡喜嗎？

有一戶人家經過長期奮鬥，好不容易生了一個寶貝兒子，到滿月的那一天，親戚朋友都去吃喜酒。

主人家喜孜孜地抱小孩出來給大家看，一位客人連忙誇獎說：「貴公子天庭飽滿，將來是要做大官的。」

又一位客人說：「嗯，這個孩子將來會發大財。」

還一位客人讚美一番小孩的面相，說：「貴公子好福相，一定會長命百歲。」

總之，大家都儘量說些恭維話的吉利話。

但是，有一個老頭子卻相當不識趣地說：「不管怎麼說，將來有一天，這孩子一定會死的。」

主人一聽，氣得七竅生煙，恨不得當場剝了這個老頭的皮，客人也紛紛指責他不該觸人霉頭。

說眞話、說實話的人，往往都是不受大家歡迎的人。

這個老頭說的是實話，並沒有錯。他認爲人有生就必有死，任何人都不可能逃過這個自然的法則，這個孩子雖然剛剛滿月，但一樣會老，最終一定會死。

問題正在於，說實話必須看場合，人們根本不喜歡這種不識趣的眞話，更不喜歡被觸霉頭。即便是在現代，我們也會說這位老頭活該被罵，因爲他不能投人之所好，避人之所諱。

所以，個性內向、木訥、耿直的人，與其專說一些「不識大體」的實話，倒不如保持沉默。

想要改變自己的缺點，平時要經常留意上司的言行舉止，當他做出値得讚美的言行時，不失時機地說一些「你這個辦法眞高明」、「你比他們強多了……」之類的話，而且說這些話時不必臉紅，因爲你說的是眞話。

上司一高興，以後你的日子就好過多了。

職場像戰場一樣險惡

有人說職場如戰場，這是因為在職場，人與人之間充滿著高度競爭，一不小心，人際關係就會陷入險惡的境地，像作戰一樣必須拼個你死我活。

辦公室裡的人際關係既有溫馨友善的一面，還有險惡狡詐的一面。想要排除險惡，就必須戰勝給你帶來險惡的人。

這個世界是善良的人和卑鄙的人共存的，因此，採取任何決定之前都要先問問自己爲什麼要如此做，想達成的目的又是什麼。

當你與對方彼此對壘，劍拔弩張的時候，不妨運用「釜底抽薪」的計策，不要急著做正面的主力攻擊，而要從幕後去下功夫，扯其後腿，拆其後台，使他在不知不覺間變成一個洩氣的皮球，如此一來，你就必勝無疑。

譬如，當你在辦公室內被流言蜚語包圍時，縱使極力辯解，也可能是在白費唇舌。這時，你不妨先忍下胸中的怒氣，暗中調查究竟是誰故意與你過不去，又為什麼要造你的謠？

當你瞭解了事實眞相後，就可以找個適當的機會並用巧妙的手法，令造謠者自己說出事情的緣由。釜底抽薪之後，釜中沸沸揚揚的滾水自然會趨於平靜，關於你的謠言自然也就消失了。

有人說職場如戰場，這是因爲在職場中，每一個人都想爭奪令人垂涎欲滴的職位，人與人之間充滿著高度競爭，一不小心，人際關係就會陷入險惡的境地，像作戰一樣必須拼個你死我活。

爲人處世最難的是識人察人，當你的工作領域之中，如果有人危及你的生存安全，「釜底抽薪」不失爲一種保護自己的好辦法。

如果，眼前你的人際關係陷入緊張狀態，不妨使用這種方法，它可能是你人生的一大轉機。

儘量把工作讓給上司去做

你可以儘量滿足他的胃口，他想抓什麼你就讓什麼。他還沒想到或還沒抓到手的事，你也主動讓給他，自己樂得清閒，豈不是皆大歡喜？

美國管理學家德魯克曾經說過：「就算擁有過人的才能，也並不等於最後一定會擁有過人的成就。一個人的才能，只有透過有條理、有系統的規劃分配，才能得到最佳的表現。」

領導者必須從繁瑣的事務中擺脫出來，只管該管的大事，不該管的就不必管，集中精力思考和處理重大事情，才能卓有成效。

眞正的管人用人高手，絕對不會爲了在部屬面前展現本身的若干才能，而讓自己分身乏術、疲於奔命。

但是，有一種領導幹部，不管走到哪裡都喜歡攬權獨斷，喜歡表現自己的才華、能力，似乎不搞到讓下屬「失業」，絕不肯住手。

蒲松齡在《聊齋誌異》中曾寫過一篇寓言故事，譏諷那些貪得無饜、慾壑難塡的官吏，其實，這樣的人四處可見。

一種甲蟲類的昆蟲，特喜歡背負東西，無論見到什麼東西都想往背上扛，而且越扛越多，背得路都走不動。當牠往樹上爬的時候，由於負重過多，常常從樹上重重地摔了下來。

路過的行人，有時不忍心看到牠們背負重擔的痛苦模樣，就忍不住幫牠們把背上的東西卸下來。

可是，過不了多久，牠們便又貪得無饜，背得滿滿的。

蒲松齡所描寫的這種昆蟲極像那些喜歡攬權的人。這種上司的確令人討厭，也不好對付，但是，如果你想讓自己的職場生涯一帆風順，就必須認眞對待，如果你處理的方式不恰當，那麼就很有可能會丟掉自己的飯碗。

面對這種上司，你千萬不能因爲急於表現自己的才華，而與他爭奪工作，而是儘量把工作讓給他。譬如說，你可以儘量滿足他的胃口，他想抓什麼你就讓什麼。除此以外，他還沒想到或還沒抓到手的事，你也主動讓給他，自己樂得清閒，豈不是皆大歡喜？

如此一來，等到時間久了，他手上的工作一定會愈積愈多，以致無法順利完成。這時，不用你開口，他就會主動想要卸下包袱，要求你幫忙。

雖然，你幫他分擔任務之後，他還有可能故態復萌，但一般而言，經過幾次反覆，他的習性就會有所改變。

話說回來，如果他一直不改，這樣的領導者在任何一個地方或單位都很難立足，早晚都會被他的上司「轟」走。

對付小人的最高境界

爭奪利益之時，人心往往險詐得令人不敢相信，因此對他人的動作要有冷靜客觀的分析判斷。

關於我們經常在生活中或職場裡遭遇的那些小人、惡人、壞人，英國文豪狄更斯在《雙城記》有過這麼一番深刻的描述：「他長久以來就習慣躲在人性的偏僻角落裡搭窩造巢，忘記人性中還有可較寬闊和美好的天地。」

當然，通常我們遭遇到的，都只是那些因爲一時的利害糾葛而不經意流露個性上缺失的小奸小惡之徒，眞正的大奸大惡，往往貌似忠厚善良的好人，不是可以從言行輕易判斷的。

能夠把惡人操縱於自己的股掌之間的上班族，日後才可能成爲用人的高手，管理上的精英。這樣的人善於觀察、學習，能夠認清社會上的好人與壞人。

善於掌握壞人的行爲軌跡，善於吸取前人的經驗教訓，學會掌控惡人，馴服他、操縱他和防止被他陷害的全套本領，這才是對付惡人的最高境界。

每個人身邊總會有幾個惡人，這些惡人不啻是我們身邊一顆顆隨時可能爆炸的炸彈。因爲，他們總是到處鑽營使壞，而且他們表現善意並不是要幫助人，而是想利用別人，駕馭別人。

對於這種人，一定要讓他徹底馴服於你的權威之下。

但俗話說，明槍易躲，暗箭難防。小人的奸詐邪惡絕不會寫在臉上，要防範惡人，眞不是件容易的事。就是因爲困難，所以更要特別注意，以下這兩種方法，或許能夠幫你提防小人。

首先是行事要懂得「不動聲色」，也就是讓別人摸不清你的底細，不管對誰，都不隨便露出自己個性上的弱點，不輕易顯露自己的慾望和企圖，不露鋒芒，不得罪人，也不要太過坦誠。

別人摸不清你的底細，自然難以輕易利用你、陷害你，因爲你讓他們沒有下手的機會。兩軍對仗，一旦虛實被窺破，就會給對方可乘之機，「防人」也是如此。

當然，話說回來，假如爲了提防別人而把自己搞得神經兮兮，失去了朋友，那就有點草木皆兵，反而會成爲衆人排擠的目標。

但無論如何，防人之心還是要有的。

其次是「洞悉人性」。兵法強調「兵不厭詐」，爭奪利益之時，人心往往險詐得令人不敢相信，因此對他人的動作要有冷靜客觀的分析判斷。

凡是不尋常的舉動，都可能包藏著不軌的意圖，把這動作和自己所處的環境一併思考，便可發現其中的奧秘，明瞭小人心中究竟打什麼算盤。

提防小人以假亂真

有的人善於在行動上以假亂真，為了使你深信不疑，他們除了以謊言欺騙外，還會做些撲朔迷離的假動作。

法國文豪雨果在《鐵面人》中曾經這麼譏諷說：「天底下最可憐的笨蛋，是那些從來不懷疑別人可能言行不一，而對別人所說的話一味地信以為真的人。」

確實如此，如果不懂得透過觀察看穿周遭人物的虛僞面具，就經常會因爲別人的矯飾而吃虧上當。

要洞察一個人的眞實面貌，重點並不在於聽他的嘴巴說了什麼，而是用眼睛看他的行爲軌跡究竟如何發展。

自古來，就有「言爲心聲」的說法，也就是說：什麼樣的人說什麼樣的話，一個人如何，可以從他的「語言」得知。

一般來說，正直的人，嘴裡說出來的話句句實在，「良藥苦口利於病」，正直的良言是忠誠人的心聲，使人能夠到達成功的彼岸。邪惡的人說話苛刻，惡語傷人，笑裡藏刀，撥弄是非。

一般而言，我們通過與人說話來瞭解對方的性情。但在現實生活中，許多人心裡想什麼，行動上要幹什麼，並不表現在他的言語當中，一味聽信他的言談，就會上當受騙。

狡詐的人，想的是一回事，說的又是另一回事，常常以冠冕堂皇的言辭掩蓋自己卑劣的用心，以此獲得人們的支持，達到不可告人的目的。

古人曾說：「以言取人，人飾其言，以行取人，人竭其行。」意思是說，以談話去評估一個人，人就會去裝飾自己的言談，而根據行爲去評估一個人，人就會在行動上儘量去做好。

想要評價、認識一個人，應該重在行動，而不要被表面的誇大言談所迷惑。歷代有識之士早已看出這一點。

他們說：「如果以言論為標準來取人用人，認為一般人稱讚的是賢人，一般人詆毀的是不賢的人，那麼黨羽多就會被任用，黨羽少就會被排擠。這樣奸臣勢力就會結黨營私而埋沒賢才，忠臣無罪而被置於死地，這樣社會就會混亂，國家也就不能避免滅亡。」

要做到不以言取人，其實是很困難的事，在我們周圍輕信傳言的人大有人在。要認識一個人，不能輕信傳言。

事實上，在我們身邊總是有許多愛說人長短的人，他們無論是講人好話還是講人壞話，都懷有特別的目的和原因，尤其是在上司面前所講的話。

我們不可能事事清楚，需要別人提供情況，但進耳之言，究竟可靠與否，還需要調查研究，否則會犯了以偏概全的錯誤。

語言往往具有很大的欺騙性，單憑語言來取人識人是不可行的。只有聽其言，又察其行，洞其心，才能眞正認識一個人。

因爲，即使面對最狡詐的人，只要仔細觀察其言行，並且仔細加以分析，就會發現他的漏洞和目的。

思想指導人的行動，心裡所想必然會在行動上體現出來。但要識人，就必須掌握他的全部行動情況，這是以行察人的基本條件，如果僅僅依據他的一言一行而對他作出結論，必然失之偏頗。

如果瞭解他的全部行動情況，就可以對他前後的言行進行綜合分析和比較，既可以從其過去知其現在，也可以根據他現在的所作所爲預測發展的趨勢與結果。

有的人善於在行動上以假亂眞，爲了使你深信不疑，他們除了以謊言欺騙外，還會做些撲朔迷離的假動作，以僞裝出來的「行爲」，使你不知不覺地落套就範。

對於這種複雜情況，就不能只看他眼前的一面，而要通過調查研究與長期而仔細的考察，掌握他眞實的一面，進行去僞存眞的分析，認識他的本質特徵。

PART 10

替自己虛擬一個完美的形象

你絕對可以透過肢體語言去欺瞞對方，
可以通過行為塑造出自己想要的形象！
只要不是存心去作姦犯科，
塑造虛擬形象，其實並不是一件壞事。

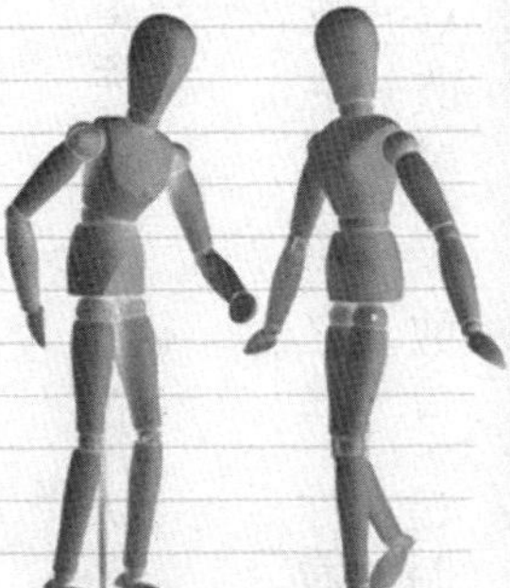

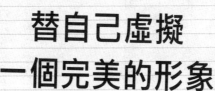

愛吹牛，就讓他吹個夠

在不喪失原則和損害個人人格的情況下，你不妨採取冷眼旁觀的態度，儘量遷就對方愛吹牛的習性，愛吹就讓他吹個夠。

領導者想要讓組織運作發揮威力，首先得熟悉管人用人哲學，試著與部屬和平共處，讓部屬心服口服。

但是，有些人晉昇到某個位階後，往往變得目中無人，夜郎自大，喜歡在部屬面前吹噓、擺架子。

如果很不幸，你的上司是一隻愛吹牛的井底之蛙，你看不慣他那副虛有其表的模樣，但是爲了保護自己的職位，卻又敢怒而不敢言，這時，你就得動點腦筋，想出應對之道。

首先，你要知道，在職場法則中，跟上司作對決不是明智之舉。然而，採取「拍馬溜鬚」的做法，一味阿諛奉承，也不切實際，因爲，這還得看你的運氣如何，能不能把馬屁拍得恰到好處。

大部分人都喜歡戴高帽子，想要藉由巴結迎逢的手法討好上司，並不是十分困難的事。但是，問題的關鍵在於，現實形勢往往瞬息萬變，如果你盲目地耗費大量的精力和時間去拍上司的馬屁，就經濟效益而言，很可能並不劃算。

這樣說來，身爲一個部屬豈不是就要對上司言聽計從、任人擺佈呢？

不，絕對不是。在不喪失原則和損害個人人格的情況下，你不妨採取冷眼旁觀的態度，儘量遷就對方愛吹牛的習性，愛吹就讓他吹個夠，只要在心裡同情他是個智商不足的白癡即可。

通常，遇到這種上司，辦公室內一定會有人耐不住性子，「挺身而出」譏笑、諷刺他。既然一定會有「正義人士」出面「替天行道」，你又何必跟自己過不去，硬要扮「大俠」，一劍去戳破他的肚皮呢？

還是把「壞人」的角色留給別人去扮吧！

摸清上司的行為，才不會淪為倒楣鬼

要想與上司「和平共處」，並把握住每一個晉升的機會，盲目的討好與謙和是無濟於事的，恃才傲物、頂撞上司更是不智之舉。

倘使你碰到天生脾氣暴躁，情緒容易失控的上司，首先，要自認倒楣，其次是想想看有沒有更好的應對辦法。

因為，大凡這種人情緒都不穩定，時好時壞，時笑時怒，變化無常，或許稍不留意的一句話就會使他拍桌子掀板凳。

而且，這種類型的人又往往固執頑強，不容易聽進其他人的建議和意見，也不容易對自己的弱點進行反思，更不要說改變性情了。

據心理學家分析診斷，經常令下屬心驚膽跳的領導者，只不過是權力慾太盛而已，所以你只能在自我保護上下功夫。

當這種上司大發雷霆時，不要試圖解釋或打算推卸責任，而要冷靜地說：「可能是我搞錯了。」或者說：「下次一定注意這個問題。」

說完之後，盡可能快速離開辦公室，千萬不要留下來辯解或訴說自己的委屈，這樣只會越弄越糟。

儘管問題並不出在你身上，但是此時此刻，他需要的只是情緒發洩而已。人在發洩情緒的時候，是不論誰對誰錯、誰是誰非的，你又何必去當那個倒楣鬼？

人性是千奇百怪、形形色色的。不管面對什麼類型的上司，我們都應當採取適當的對應措施。只要你能舉一反三，必定可以觸類旁通，具備必要的應變能力。

其實，要想與上司「和平共處」，並把握住每一個晉升的機會，盲目的討好和謙和是無濟於事的，恃才傲物、頂撞上司更是不智之舉。摸清上司的脾氣、性情，抓准他的行爲模式，才是我們正確經營職場人際關係的第一步。

寬容敵人是有利的感情投資

為了一己之利，不用具有真才實學的人，而用那些阿諛獻媚之輩。像這種只會玩弄權術的領導者，想幹一番轟轟烈烈的事業，是萬萬不可能的。

一般來說，一個成功的人物總是把自己的志業放在第一位，只要有利於本身事業發展的，都願意去做。因此，在日常生活中，即使碰到了昔日與自己有過間隙的仇人，也不會盲目地爲洩一時之忿而去報復。

相反的，如果這位昔日的仇人是個人才，他還會積極加以網羅，根據他的長處委以重任。因爲他知道，對仇人的寬容，其實是一種非常有利的感情投資，它能使他產生一種強烈的報答心理，因爲人總是有感情的。而且，他還會比一般人更積極努力，以此來回報主人的寬宏與大量。

中國歷史上有許多類似的事情，例如，春秋五霸之首的齊桓公，曾在趕回齊國搶王位途中，差點被競爭對手公子糾的謀臣管仲用箭射死。

後來，齊桓公卻拜他爲相國，位列九卿之上。

果然，管仲爲齊桓公對自己的態度而感動萬分，發誓報答他的恩情，在管仲輔佐和治理下，很快的，齊桓公由一個中小國家的君主，搖身變爲「春秋五霸」之首。

另外，中國歷史上還有一個非常有名的「舉才不避私，薦能不避仇」故事。解狐向趙國國王趙簡子推薦他的仇人擔任相國這一重要職位，他的仇人以爲這是解狐爲了拋棄私怨才這樣做，因而心存感激前往拜見。

解狐卻對他說：「我推薦你是出於公，是因爲你有能力能勝任這個職務，而並不是爲了化解我們之間的私怨，我不會因爲私仇而壞了公事。」

此外，解狐還推薦昔日的仇人邢伯柳擔當上黨郡守這一重要職務，邢伯柳前往感謝。解狐也對邢伯柳說：「我舉推薦你，是出於公；仇恨你，是我的私事，我不會因爲舉推薦了你，就不再計較私怨。」

這是歷史上著名的公私分明的例子，也是古代人才理論的典範。解狐沒有因爲他人和自己有私仇，就扼殺和埋葬別人的才幹及前途，這是何等開闊的胸襟？

因此，領導者用人之大忌是：用人的出發點不是爲「公」，而是爲「私」，爲一己之利，寧可犧牲集體和下屬的利益；爲了一己之利，不用具有眞才實學的人，而用那些阿諛獻媚之輩。像這種只會玩弄權術的領導者，想幹一番轟轟烈烈的事業，是萬萬不可能的。

替自己虛擬一個完美的形象

你絕對可以透過肢體語言去欺瞞對方，可以通過行為塑造出自己想要的形象！只要不是存心去作姦犯科，塑造虛擬形象，其實並不是一件壞事。

想要以最快的速度在工作環境中晉升領導階層，獲得自己想要的「乳酪」，建立完美的形象至為重要。

莎士比亞在《威尼斯商人》中曾經說：「世上還沒有一種方法，可以從一個人的臉上探查出他真正的居心。」

這句話無疑鼓勵我們，在這個形象決定印象的時代裡，我們有必要，也絕對可以透過刻意整飭外在的言行舉止，為自己虛擬出一個有利的形象，讓自己贏得上司、同事和周遭人士的好感，減少人際關係上無謂的摩擦和阻礙。

心理學家指出，人與人交談過程中，無論是談論公事、私事還是談情說愛，四目不斷交會的最主要意義，在於從眼神中探索、揣測對方的心思。

因爲，人心詭譎難懂，我們往往只能根據和談話對象不經意流露的眼神和細微的行爲反應，來判斷對方的心理狀態。

觀察對方的肢體語言，揣摩對方的真實想法，交談之時就可以選擇最適當時機，提出對自己有利的條件，或者藉機讓彼此的關係再晉升一級。

但是，有趣的是，不管是透過對方的眼神流轉或是肢體語言，其實，我們看到的都只是對方的外表，無法確切知道對方的心裡究竟打什麼如意算盤。

也就是說，當我們和別人「交手過招」，我們只能確切知道自己在想什麼，至於對方，只能憑他的一些細微表情去判斷他的意向。

儘管，我們可以「斷定」對方的表情已眞實反映了他的內心世界，也可以認爲自己的「假設」非常正確，可是，眞相往往會與自己的「假設」大異其趣。

譬如，當你在公司發言報告，或是平常與朋友閒聊的時候，在場的人或許可以從你的肢體語言，隱約猜測出你的心理狀態，但是，他們絕對無法全盤瞭解隱藏在你內心深處的眞實想法。只有你才能確切知道自己心裡正在想什麼，旁人只是根據你的言談和表情加以揣摩。

想要在職場一帆風順，就必須妥善爲自己塑造出絕佳的形象。

不用擔心，對別人來說，「你」這個人完全由「你表現的行爲」來代表，他們只能根據你的行爲來判斷你是哪種類型的人，而難以深入你的內心世界透徹瞭解你。

所謂「知人知面不知心」，強調的就是，在這個幾乎人人都擁有幾副假面具的時代，我們對一個人的瞭解程度，通常有如看到冰山裸露的一角那麼膚淺。因此，你絕對可以透過肢體語言去欺瞞對方，可以通過外在行爲塑造出自己想要的形象！

這形象既可以是眞象，也可以是假象，只要不是存心去作姦犯科，塑造一個對自己有幫助的虛擬形象，其實並不是一件壞事。

懂得聽話會獲得超高評價

不妨試著去扮演一個熱心、冷靜的觀察者，一個凝神傾聽者，這不但能使你的形象更加完美，也會使你的升遷之路更加寬廣。

對許多有志向上爬升的部門主管而言，能不能在職場生涯中左右逢源，會不會「聽話」無疑扮演著相當重要的關鍵。

現實生活裡，每個人都有不爲人知的成長環境、生活背景和奮鬥歷程，而且事業有成之後，人就開始活在回憶之中，每當回首前塵舊事之餘，就會認爲自己的人生經歷多彩多姿，無疑是一篇篇引人入勝的精采故事，急於讓周遭的人「分享」。

萬一，你不得不「分享」上司的經驗時，爲了替自己在職場樹立良好的形象，首先必須學會細心聆聽他們講話，尤其是當他們對你的升遷有著關鍵性作用的時候。

聆聽上司講話的時候，即使心裡百般不願，也務必一再叮嚀自己集中注意力，全神貫注傾聽對方說話。

人通常會在聽別人講話的過程中出現精神渙散的毛病，尤其是對方的言談並不是那麼生動有趣的時候。

但是，如果你根本不注意傾聽對方說話的內容，只是一味像應聲蟲一樣茫然附和，不但容易忽略重要的細節，也極可能會讓對方留下不良印象。

你是不是常常全神貫注地聆聽上司說話？

有時候你明明想仔細聆聽，但是注意力卻因爲心不在焉而分散，有時是因爲對話題不感興趣，有時則是因爲說話者的說話技巧不佳，因此談話內容成了馬耳東風。

値得注意的是，你聽話的神情態度，盡看在說話者的眼裡，如果你認眞地傾聽他說話，自然會讓他留下良好的印象，他對你的評價，無形之中也會提高許多。

由此不難得知，聽話這個行爲，對於在別人心目中建立良好的形象，有相當關鍵的影響。

人是相當主觀的動物，懂得全神貫注傾聽別人說話，才是最聰明的人。

日本心理學家多湖輝是個喜歡傾聽別人說話的人，他認爲，絕大多數的人總喜歡不停地說話，因此，凝神傾聽無疑是我們日常生活中最有利的武器。

他也時常勸誡年輕人，只要多磨練自己聆聽別人說話的能力，一定能收到許多意想不到的效果。

學會聽別人講話，是重要的人生課題，也將是終身受用的「技能」。

要一個人成爲優秀的聽衆也許很難，然而，一旦能將這種寶貴的能力應用到實際生活上，應用到爲人處世和職場互動上，就能一生受用不盡。

其實，每一個人都有值得學習的優點，有些人儘管說話之時口齒笨拙，詞不達意，但仔細觀察他的行爲舉止，有時卻可以發現其中蘊藏著豐富的內涵。這就是爲什麼，經常觀察別人言談時所顯示出的品味、風格，會讓人覺得趣味無窮。

因此，與上司交談過程中，不妨試著去扮演一個熱心而冷靜的觀察者，一個凝神傾聽的交談對象，這不但能使你的形象更加完美，也會使你的升遷之路更加寬廣。

打一巴掌之後，記得給一顆糖

在言語上，你應該巧妙地讓下屬感覺到你的關懷，使他不對你記恨，而是把你的批評看作為一種激勵、一種鞭策。

不尊重別人感受與立場的領導人，不管擁有如何高深的學識，最終只會引起部屬的討厭與嫌惡，很難達到有效溝通的目的。

管人用人的藝術，其實就是態度上的不卑不亢。

與部屬互動的同時，運用各種技巧，表達出冷靜、理智且尊重對方立場的態度，無形之中就會讓彼此之間的交流愈來愈順暢。

只知一味斥責下屬而不懂安撫的人，是不合格的領導者。

眞正優秀的領導者，在痛斥部屬之後，總會不忘讓他消消氣，補上一兩句安慰或鼓勵的話。就像父母打小孩，小孩號啕大哭之後，父母就會給他一兩顆花花綠綠的糖果或點心，這就叫「打一巴掌還要揉三揉」。

做領導人也應該這樣，因爲，任何下屬在遭受頂頭上司批評後，心中都不好受，有時甚至會想，他是不是對我有什麼成見了。在這種情況下，你若能適時地鼓勵和寬慰，那麼下屬就會很快振作起來。

譬如，你可以在批評他的當天晚上打電話給他，跟他好好聊聊，讓他寬寬心，那麼他不僅會體諒你，而且，你主動打電話，他也會覺得很有面子而感激你。

或者，你還可以私底下對和他關係密切的部屬說：「我是看他有前途、能夠進步的那種人，所以才批評他，雖然方式不太好，但出發點是爲了他好啊！」

若那個人把你的話轉達給被批評者，他就會恍然大悟：「原來，他是爲了我好啊，看來，我錯怪他了。」

當然，在言語上，你應該巧妙地讓下屬感覺到你的關懷，使他不對你記恨，而是把你的批評看作爲一種激勵、一種鞭策。

如果他仍然對你心存疑慮，這時，你就應該在工作上繼續表現出對他的信任，使他感覺到你的批評的確是在幫助他，而不是他所想像的那樣是在整他。

這樣一來，他的疑慮就會逐漸消失，對你的信任也就會慢慢增強。

要切記的是，你是在安撫和寬慰你的下屬，而不是在向他求饒，如果你表現過了頭，讓你的下屬感覺到你是在向他求饒，這可就變成最大的失敗了。它不僅無助於你在下屬心中樹立威信，反而會使他覺得你很好對付。

因此，你在安撫下屬的時候，有兩個要特別注意的地方。

一是不必當面向下屬解釋爲什麼斥責他，只要你確定錯誤的確是他犯的，你批評他，他自然就會明白。特別是不能隨便向他道歉，除非你的批評完全搞錯了對象。

二是，不要反覆幾次地對他進行安撫，一次、二次，下屬還會感動，次數多了，他就會覺得好笑，覺得你一點魄力也沒有。

不要把親近當成隨便

聰明的人應該正確地衡量自己與上司的心理距離，在工作場合隨時保持謙恭的態度，這在維持人際關係方面具有重大意義。

在辦公室裡，我們經常可以看到有些急於冒出頭的人，爲了突顯自己的重要性，或是炫耀自己是某某上司的親信，而在上司面前表現出一副親暱輕率的態度。

對此，美國人際關係大師漢克．威廉斯奉勸說：「舉止態度上的輕率隨便，以及過度突出自己與上司的關係，結果，毫無例外的將是適得其反，會讓上司有不愉快或嫌惡的感覺。」

現代人最嚴重的毛病是，一旦彼此熟絡之後，就會忽略人與人之間應有的禮儀，表現出輕率隨便的態度。

這種情況在職場中也屢見不鮮，有些人往往因爲對上司態度過於隨便而痛失眼看就要到手的職位，事後還莫名所以。

與上司親近當然是件好事，但是，如果在工作場合，你的態度太過親暱隨便的話，反而會使彼此關係出現齟齬，唯有節制自己的言行，與上司保持恰當距離，才不至於陰溝裡翻船。

日常生活中，人與人交往，必須互相保持適當距離，交情未到某種程度，千萬不可以隨便的態度與對方交談。

職場倫理也是如此，聰明的人應該正確地衡量自己與上司的心理距離，在工作場合隨時保持謙虛恭敬的對應態度，這在維持人際關係方面具有重大意義。

自認爲是上司的莫逆之交，或是他肚子裡的蛔蟲，在辦公室裡毫不客氣與不分尊卑的互動方法，難免使上司心生不悅或警戒！

有的人自認個性爽朗、不拘小節，但是，這種自以爲是的爽朗，往往令人困擾，甚至構成不愉快的導因。

譬如，在大庭廣衆面前對著上司大聲吆喝，或者熱情地勾肩搭背，無形之中都會使上司心生不悅。將隨便的態度一廂情願地誤解爲彼此親近的表現，容易使你的升遷出現問題。

太隨便是件令人難以忍受的事情，與感受力敏銳、細膩的人接觸時，最好小心翼翼，如此才是上策。

親近與隨便完全不同，千萬要謹記在心。

即使夫妻也要「相敬如賓」，何況是一般人呢？

記住，爲了你的形象，在辦公室內不要太隨便。

如何從小人身上獲得好處

一個想要前進的人，一定要懂得適時後退的道理，當前進受阻的時候，不如緩一緩，甚至退一步。

上班族晉升到中級幹部或單位主管時，可能會遇到不能得罪的人，這時就必須展現自己的領導智慧。

譬如，依靠裙帶關係在公司企業中狐假虎威的人，可以說相當普遍，這是令領導者極爲頭痛又無可奈何的事情。

通常，這類下屬身家背景不錯，人際關係較爲廣闊，不是與最高領導階層關係甚密，便是在外擁有大企業作爲靠山，或是與往來銀行關係良好。

這種人如果本身具有能力，不妨善加利用。但是，如果這類下屬相當無能，也必須交付一些較爲簡單但又較體面的工作，不可以讓他們無所事事。

在與他們交往時，不可過於密切，以免引起其他下屬的不滿，而背上趨炎附勢的「罵名」，但是應該避免排斥或得罪他們，最好技巧性地保持雙方不慍不火的關係。對於他們擁有的優點，應該努力發掘和利用，切忌帶著有色眼鏡去看他們，甚至從一開始就把他們當成不學無術之徒而另眼相待，或與他們作正面抗衡。

當然，這種下屬的缺點常常是顯而易見的。最常見的是，利用自己的家庭背景和人際關係而對上司或同事傲慢無禮，態度惡劣。

但棘手的是，因爲他們的靠山很可能是你的頂頭上司，也可能是公司業務上的大客戶，所以仍要避免得罪他們，使他們對你無計可施，然後從他們身上挖盡好處。

一個想要前進的人，一定要懂得適時後退的道理，當前進受阻的時候，不如緩一緩，甚至退一步。退讓並不是軟弱、放棄的表現，而是爲了要向前多邁幾步。

避免得罪他們，表面上是自己退了一步，但實際上是要利用了他，從他身上得到好處，這才是最高明的方式。

日本著名的製片家和田勉先生，曾經就中層階級如何應付令人厭惡的上司，提出了一套建議。他幽默地表示：「對於令人討厭、不好應付的上司，身為部屬者不妨運用『討好』的方式，反過來利用他。一旦你施展出此種手段，則無論哪一種類型的上司，都不致於過分為難你，甚至可能把你當作知己。換句話說，對方此時已毫無抵抗力可言。待一、二年過後，該位上司終會由於人事的變動，從自己的眼前自動消失，但是你早已從對方獲得了許多好處了。」

事實上，你也同樣可以運用這種方法，去對付那些令人頭痛而又不能得罪的傢伙。不過，有一點不可忘記，「討好」不等於放縱。對於這類人，一旦他們的行爲過火或犯了差錯，不妨私下加以糾正，以保全他們的面子。

不要讓自己掉入緋聞的漩渦

辦公室裡異性之間的微妙關係，一直是流言蜚語的根源。一旦捲入了緋聞的漩渦中，那麼跳到黃河也別想洗清。

有一位經理在自己的下屬中看中了一個能幹的部門主任，相信他是一個人才，準備加以培養和提拔。

然而，這個消息一流傳開來，本來人緣甚好的部門主任卻立即遭逢責難，各式各樣的流言接踵而至。

最嚴重的是，便是關於這個部門主任和他的女助理之間有曖昧關係的緋聞，說他與女助理常常下班後相偕出遊，徹夜不歸。

種種傳聞讓經理信心動搖了。他認爲無風不起浪，既然有這麼多人說這個主任的壞話，他在操守方面肯定有問題，於是便把提拔他的計劃取消了。

一段緋聞使公司失去了一個人才，而對於這個主任來說，也失掉了一次重要的升遷機會。這個教訓說明了緋聞對公司或個人的危害性。

辦公室裡異性之間的微妙關係，一直是流言蜚語的根源。只要和異性稍微親近，就有可能被渲染成熱戀或不倫之戀，而你一旦捲入了緋聞的漩渦中，那麼跳到黃河也別想洗清。

男女之間的關係本來就比較敏感，只要一有風吹草動，當事人本身尚未理清彼此的感覺，旁觀者的敏銳嗅覺就早已發揮威力，傳聞不脛而走。所以，對於辦公室裡可能遭到渲染的緋聞，你不得不更加小心、更用心地去防範。

從傳聞的目的來說，緋聞一般分爲戲弄性的與添鹽加醋、惡意毀謗式的，對於後一種，你可就要小心提防，因爲它往往使當事人哭笑不得，絲毫沒辯白的餘地。

爲了避免成爲鬧劇的主角，平日在言談舉止方面就應當特別注意。萬一受到流言所困，最好抱著「清者自清」的自在態度，多做解釋反而會越陷越深，並不是明智的應付之道。

如果你經常和異性下屬相處，那就更應該注意，談及生活中的各種問題時要注意分寸，因爲，緋聞往往從談論生活中的問題開始。

此外，你也要時刻提防，溫柔之水在不經意間向你湧來。你千萬要把持住自己，不接受過分的殷勤，該自己辦的事情就自己完成，不要假借女同事的手。

如果對方明顯對你表現出傾慕的言行，甚至對你出現過分親暱的動作，你就該找理由把她調離你的辦公室。

跳脫緋聞的七種方法

「無聲勝有聲」的拒絕方法，對特別敏感的女性來說是非常有效的，它既能造成對方情感心理上的巨大障礙，又不會傷害對方的自尊心和破壞上下級的關係。

辦公室裡的緋聞常常會在你不設防的時候冒出來，因此，在辦公室中最好和異性同事保持適當的距離，否則，儘管你與她根本就沒有發生什麼事，但她的一廂情願或糾纏不清，極可能把你置於緋聞的漩渦之中。

與其日後深陷緋聞之中，有口難辯，懊惱不已，不如現在就試著運用下面的幾種方法趁早脫身：

・無聲拒絕法

有些言行開放、輕挑的女人儘管結了婚，但仍然希望展現自己對異性的吸引力，千方百計與公司裡的男同事接觸。

遇上這樣的下屬，不能表示歡迎，而且應該明確加以拒絕。最簡單的辦法是，把雙手交叉地放在胸前，明確表示不歡迎。這種「無聲勝有聲」的拒絕方法，對特別敏感的女性來說是非常有效的，它既能造成對方情感心理上的巨大障礙，又不會傷害對方的自尊心和破壞上下級的關係。

・自尊保護法

往往有這種情況，一個有才能又英俊的上司受女性下屬愛慕的時候，自己還蒙在鼓裡，在不經意和女方接觸的過程中，引發了緋聞。

男方輕易同女下屬約會，最容易引起誤會。女方以為你和她一樣產生了情感，就必然招來麻煩而不好擺脫，所以，為防範於未然，一開始你就應該謹慎對待與女下屬的單獨約會。

・藉口拒絕法

一個沒有對象的年輕女子一旦把你視為戀愛目標，而你卻沒有相同的感覺，那麼麻煩就會隨時發生。

遇到這種狀況，如果你尚未結婚，可以說推說自己已經有了女朋友或未婚妻，這是一種很好的藉口，許多女性對於已經心有所屬的男人會懸崖勒馬。

・巧妙迴避法

當你覺得正面拒絕會使對方尷尬，甚至難堪時，可以採用使對方「主動撤退」的巧妙方法進行迴避。

如果對方約你去某一個風景勝地，你可以回答說，很多其他同事想去那兒，不如大家一起去，比兩個人去更有意思。

這種巧妙的迴避方法，既拒絕了對方的約會，又不會使對方難堪。

・將計就計法

有些女下屬常會藉向你彙報工作的機會暗送秋波。遇到這種情況，你可以將計就計，只同她談公事，對其他問題避而不談。公事談完了，就藉口要辦別的事情，要找別的同事，要到別的地方去，甚至要上廁所……等，這樣就封住了對方的口，使對方完全明白，談完了公事，就什麼都不要談。

・攻心法

有些已婚的女性下屬，也可能對你暗送秋波。對於這種幻想型、浪漫型的女人，不妨採取心理攻勢，反覆地向她提問：妳有孩子沒有？孩子多大了？上什麼學校？使她驀地悔悟，自動放棄出軌的想法，老老實實地回到現實的幸福生活當中去。

• 泰山壓頂法

當有些女下屬在你多次委婉的拒絕後，仍然對你糾纏不休，這時候，你可以毫不手軟地使出最後的「必殺技」，利用你的職權迫她止步。

你可以對她毫不客氣地說：「妳應該自重！否則把你調到別的部門！」

如果她還不知趣，你就眞的只好雷厲風行了，把她調走，因爲不這樣，明天被調走的或許就是你了。

PART 11

不要讓人覺得你在利用他

職場人際關係的經營法則是：
不要讓人感到有被利用的感覺，
而要讓對方覺得，
他是在為朋友解難分憂。

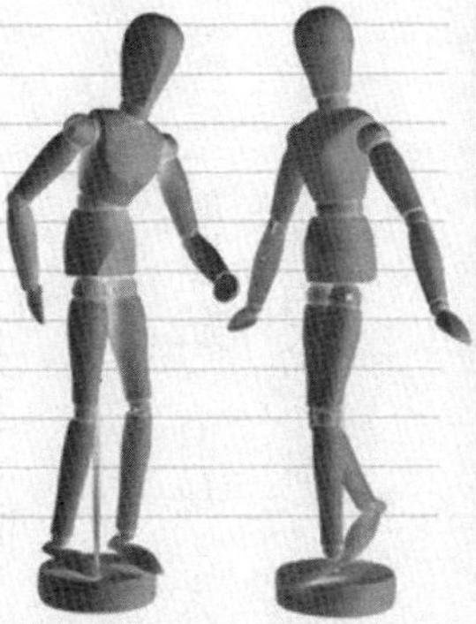

如何面對狂妄自大的部屬

狂傲自大的人雖然在某些方面、某個領域內才能出眾，但仍有不足和缺陷。因此，你也可利用這點來讓他看到自己的不足，讓他自我反省，減低自己的傲氣。

有的下屬仗著自己「才高八斗」，就目空一切、恃才傲物，誰都看不起，包括自己的上司。頭痛的是，他又有一手絕活，公司缺少不了他。在這種狀下，你只能掌握這種下屬的個性，並學會與他和諧相處。

一個人狂傲未嘗不可，有時候，狂還是一種優點。但是，太過狂妄就不太好了，狂大之中帶有妄想，或許這種人是個人才，但卻自命不凡，以爲自己是曠世之才，前無古人後無來者。

如果一個下屬狂妄到這種地步，卻又不能開除他，那眞是教領導者頭痛萬分。

大凡恃才傲物的人都有如下的特性：

- 把自己看得很了不起，別人都不如他，大有「捨我其誰」的感覺。說話也一點不謙遜，甚至常常硬中帶刺，做事也我行我素，對別人的建議不屑一顧。
- 大多自命不凡，卻又好高鶩遠、眼高手低，即使自己做不來的事，也不願看到或交給別人去做。
- 往往是性格怪異的自戀狂，聽不進、也不願聽別人的意見，不太和別人交往，凡事都認為自己才是對的，對別人總是抱持懷疑態度。

要跟這種下屬相處，必須先掌握他們的心理，然後採取有效的方法。

一是要用其所長，切忌壓制、打擊或排擠。

狂傲的人，大都有一技之長，否則，根本就沒人願意理會他。因此，你在看到他不好的一面時，一定要有耐心地與他相處，要視其所長而加以任用，絕不能因一時看不慣，就採取壓制的辦法。這樣，只會讓他產生越壓越不服氣的叛逆心理，當你需要用他的時候，他就可能故意拆你的台或扯你後腿。

因此，萬一你碰到這種人，就要想想劉備爲求人才三顧茅廬的故事，畢竟你是在為自己的利益著想，而不是為了別人的利益而忍氣吞聲，在這種人面前，即使屈尊一下也不算太大的損失。

二是有意用短，挫挫他的傲氣妄念。

狂傲自大的人雖然在某些方面、某個領域內才能出衆，但仍有不足和缺陷。因此，你也可利用這點來讓他看到自己的不足，讓他自我反省，減低自己的傲氣。

譬如，安排一兩件做起來相當吃力，或者估計難以完成的工作讓他做，並事先故意鼓勵他：「好好做就行，失敗也沒關係。」

如果，他在限定的時間內做不出，你仍然和顏悅色安慰他，那麼，他就一定會意識到自己先前的狂妄是錯誤的，並會加以改正。

此外，狂妄自大的人，往往對自己說過的話不負責，信口開河說自己樣樣都行，其實能幹的地方只一兩個方面。

領導者不妨抓住他喜歡吹噓的弱點，對他說：「這件事情全公司人都做不來，只有你才行。」而給他的工作，恰恰是他陌生或做不好的事情。

他遭到失敗是預料之中的事，失敗之後，同事肯定會嘲諷他，令他難堪，這時你要安慰他，不要讓他察覺你是故意要讓他出醜，這樣一來，他就會服服貼貼，雖然不可能改掉狂傲的脾氣，但你以後使用他的時候就順手多了。

三是要替他承擔責任，以大度容他。

狂傲自大的人總是認爲自己了不起，做什麼事都顯得漫不經心，以表現自己是多麼厲害，隨隨便便就可以把一件工作做好，常常會因爲這種心態而把事情搞砸。

這時候，你千萬不可以落井下石，相反的，要站出來替他承擔責任，幫他分析錯誤的原因。這樣一來，他以後在你面前就不會傲慢無禮了，並會用他的特殊才能來幫助你完成工作。

表現才華是你的權利

應該在適當的時刻表現自己的才華和能力，千萬別為了一張薄薄的臉皮而斷送了自己高升的機會。

日本行動學作家邑井操在他所著《決斷力》一書裡寫道：「一個成功者之所以與一般人不同，就在於他能在勝負未分之前就充滿信心，然後以思考去為自己製造勝利的條件。」

只有對自己充滿信心的人，才懂得如何適時表現自己的才華，讓自己比別人早一步獲得成功。

達爾文所提出的進化論，被稱爲十九世紀的三大科學發現之一，對歷史的演進、各種自然科學的發展與人文科學的研究，產生了極爲深遠的影響，也可以說是少有的革命性影響。

有了進化論，關於生物進化之謎和人類終極走向的脈絡，就變得清晰可循，更加豁然開朗；有了進化論，長期困擾社會科學家的重大問題變得迎刃而解。

然而，當中外各階層人士將花環紛紛拋向達爾文的時候，誰也不曾想到，還有一位叫理查的英國生物學家，經年累月努力之餘，也繽繹出決不亞於達爾文進化理論的研究成果。

達爾文在他所寫的《物種起源》自序中也坦率地說明，他之所以要加快速度寫出進化論，並盡可能快地將它付梓，一個很重要的原因就在於，理查也出人意料地得出了與他自己相似的結論。

這也就是說，理查原本應該成爲一個與達爾文並駕齊驅，與他享有同樣聲譽的生物學家。然而，事實是相當殘酷的，到目前爲止，絕大多數人都只知有達爾文，不知有理查。

整個進化論與達爾文的名字是合二爲一的，世人並不知道還有另外一位天才生物學家也提出過進化論。

達爾文是一位具有天賦的生物學家，同時也是一位相當善於表現自己、讓世人充分瞭解自己的科學家。他的成功的秘訣就在於以最快速的方式表現自己的才華。

達爾文的故事告訴我們這個道理：無論你多麼才華洋溢，你都應當適時適度地讓世人瞭解你、知道你。

一方面，這是你的才華的展現，另一方面，這也是你的權利。

在日常工作中，同樣要讓上司和下屬充分地瞭解你，如此才能快速出人頭地，否則你就做不成達爾文，而淪爲理查。

應該在適當的時刻表現自己的才華和能力，千萬別爲了一張薄薄的臉皮而斷送了自己高升的機會。

如何誇獎自己最恰當？

善於表現自己的人，往往能做到不留痕跡，在不知不覺之中使人既瞭解他的才華，並且對他產生好感。

職場經常出現這樣的情況，同樣是職務相當、才能相當的兩個幹部，一個踏實肯幹，但卻從來不懂得「邀功請賞」，結果總是運勢不佳，升遷無門。

而另一個則形成鮮明對比，雖然工作不如前者踏實努力，但是卻善於與上司和下屬溝通，善於表現自己，結果往往是平步青雲，一帆風順。

適當地表現自己是十分必要的，但如何表現自己最恰當，卻是一門大學問。

有的人往往會在這方面犯下一些幼稚的錯誤，造成不良影響，以致「偷雞不成蝕一把米」。

在工作場合，我們經常可以聽到這樣的議論：「這個人光會耍嘴皮，沒有眞才實學，才做一點小事，就四處張揚。」或者上司勸誡部下：「要踏實些，要少說多做。衆人的眼睛是雪亮的，不要怕大家不知道你的才華。」

如果上司和同事這樣評價你的話，那就說明你在「表現自己方面」打了敗仗，不但沒贏得別人的好感，反而輸得一團糟。

善於表現自己的人，往往能做到不留痕跡，在不知不覺之中使人既瞭解他的才華，並且對他產生好感。

細心歸納總結一下就不難發現，表現自己最有效的方法不外多找上司聊天、多誇獎自己的同事。

有的幹部一有機會就找上司閒談，閒談當然是什麼都談，談工作也談私事，如此一來，既可以聯絡彼此感情，更明瞭上司的想法，更可以把自己想要說的東西「夾」在裡邊兜售出去了。

爲了表現自己，讓上司知道自己做了些什麼對公司有利的事，可以不要過於強調自己，而是盡力抬高與你共同努力的同事，抬高同事就等於抬高自己。

而且，因爲你並未曾吹噓自己，而是說你的同事或助手如何好，毫無疑問的會使上司對你增添好感。他會認爲你沒有嫉妒之心，是一個有親和力的幹部。

相反的，有一種人則不會表現自己，或者表現自己時過於露骨，張口閉口不離「我」，盡說自己如何好，別人如何壞，拼命誇獎如何精明能幹，如何技高一籌。

這種表露方式很容易引起別人反感。或許在你拼命吹噓自己的時候，你的上司已經在心裡暗暗咒罵你了。

自己誇獎自己難免有「老王賣瓜」之嫌，不妨找另外一個人講你的好話，效果就遠遠比自己講要強得多。

找個朋友替自己搬「乳酪」

如果你急於讓上司瞭解你，對你投以關注的眼神，不妨請一個與你關係最密切的人去替你說說好話。

美國總統羅斯福在談論自己的領導藝術時曾經說：「一個最佳的領導者，是一位知人善用的人，而且要讓下屬甘心盡忠職守。」

就算能力再怎麼高強的領導者，也會有自己的侷限與不足，也常常會出現力有不逮或者是分身乏術的情況，這時候就要懂得妥善利用下屬，讓他們幫助自己完成那些棘手的事情。

有一個有「火中取栗」的寓言故事相當耐人尋味。

猴子和貓在森林裡一同遊玩，可是到了晚上牠們又凍又餓，便四處找食物。找著找著，牠們發現不知哪位獵人燒了一堆篝火，而且火裡面還有幾個香噴噴的栗子。猴子想吃極了，可是又沒有辦法將栗子從火堆中取出來。

於是，牠心生一計，拼命地吹捧貓如何聰明能幹，而且是世界上最仁慈厚道的動物；貓聽了這些話語，不禁感到飄飄然。

猴子見貓已經被捧得如騰雲駕霧，就唆使貓用爪子從火中將栗子刨出來大家一齊分享。於是，貓就照猴子的吩咐去做。

豈知，貓掏一個出來，猴子就吃一個。貓的爪子被火燒得痛疼難忍，猴子卻還在旁邊使勁鼓動牠繼續掏。

這個故事告訴我們，自己礙於能力或情面做不了的事情，可以考慮讓別人來做。如果你急於讓上司瞭解你，對你投以關注的眼神，不妨請一個與你關係最密切的人去替你說說好話。處理得好的話，可能寥寥數語就能發揮巨大作用。

但採取這種方式必須謹記兩點：

一是說你好話的人，必須是你的知心朋友，他必須忠實地執行你的意圖，達到你所想要達到的目的。

如果你所物色的人並不知心，甚至心中還有些嫉妒或是不良企圖，那麼你有可能會栽在他手裡。

儘管他會按照你的說法去吹捧你，但可能在言談之中暗藏殺機，讓上司知道這完全是出於你的指使。

這樣一來不啻是「聰明反被聰明誤」，會讓上司對你產生極度反感，認為你只不過是一個工於心計的小人而已，以後你就別想吃到自己想吃的「乳酪」了。

二是，吹捧的時候必須點到為止，不可吹捧得太過火。因為上司不是白癡，如果吹捧得過於露骨，他當然會明白其中奧妙所在。

要找別人誇獎自己，關鍵在於一個「巧」字。同時，用這種方法一定要十分謹慎，千萬別讓上司知道你們是在唱雙簧。

發飆之前不妨先忍一忍

你一定要管好自己的口，要牢記一句話：「沒有調查就沒有發言權。」發現問題時，先別忙著發怒和批評人，而是瞭解情況。

想成爲卓越的管人用人高手，必須深諳「忍」字訣，不要動不動就發飆，這才是最高級的領導謀略。

某企業的一個市場調查科長，因爲提供了錯誤的市場訊息而造成了企業的重大損失。犯了這樣難以彌補的錯誤，毫無疑問的，企業總經理可以不問理由地對他進行斥責，甚至撤職。

但是，這位怒上心頭的總經理，還是忍了忍，他想得先瞭解一下：到底是這位科長本身不稱職而聽信了錯誤訊息呢，還是由於不可預料的原因導致的？

於是，這位經理壓下了心中的怒火，只是心平氣和地把科長叫來，叫他把為什麼判斷失誤的原因寫分析報告交上來。

事情就這樣拖了一段時間，幾個月之後，這家公司因為這位市場調查科長提供的訊息研判極為準確而飽賺了一筆。

於是，總經理又叫人把那個科長請來，說：「你上次的報告我看了，你們的工作做得不太細緻，有一定責任，但主要是不可預測的意外原因造成的，因此公司決定免除對你的處罰，你也不要把它再放在心上，只要以後記取教訓就行了。這一次，你做得不錯，為公司提供了重要訊息，我們仍然一樣地表揚你。」

說完，總經理從辦公桌裡拿出一個紅包遞給他，這個科長接過來時，不禁眼眶泛紅，從此更加死心塌地為公司做事。

身為領導者，在批評下屬之前，一定要把情況瞭解清楚：這個錯誤是不是他犯的，這個錯誤是由於主觀原因，還是客觀原因……等等。

如果你一看到下屬出了問題，就不管三七二十一痛加批評和指責，假如他真錯了，也許就默認了；但如果不是他的錯，肯定會對你滿肚子意見，雖然口頭上不說，但心裡一定怨恨：「你怎麼連情況都不問清楚，就隨便罵人呢？真差勁！」

因此，批評人之前，一定要先瞭解事實，在心裡問一下自己：「我不會搞錯嗎？」否則，亂指責人，不僅落了亂罵人的壞名聲，事後還得向下屬賠禮道歉。

然而，就算是你能放下架子，坦率地向下屬說：「對不起，是我弄錯了」，下屬所受的傷害和內心對你的憎惡，卻很難一下子就冰釋。

如果你瞭解這個錯誤確實是下屬犯的，也還要進一步調查和思考：這個下屬該承擔多大的責任？錯誤的原因是不可避免的，是一時的疏忽，還是明知故犯？

因此，你一定要管好自己的口，要牢記一句話：「沒有調查就沒有發言權。」發現問題時，先別忙著發怒和批評人，而是瞭解情況。

這樣一來，主動權就操在你的手裡，你想在什麼時候、採取什麼方式對他進行批評和懲罰，完全由你決定。

不要讓人覺得你在利用他

職場人際關係的經營法則是：不要讓人感到有被利用的感覺，而要讓對方覺得，他是在為朋友解難分憂。

法國哲學家盧梭在《愛彌爾》裡寫道：「對別人表示關心和善意，比任何禮物都有效，比任何禮物對別人還要有更大的利益。」

這番話運用在部屬與上司的關係之中，也相當適用。

如果有人認爲，上級與下級的關係純粹沒有功利或現實利益的因素在裡面，那麼，不是毫無社會常識，便是智商有問題的人，活該當一輩子卑微的上班族。

但如果將它解釋爲，這種關係就是利用和被利用的關係，又似乎言過其實。

在這個問題上，任何片面的認知和偏執的想法，都會造成不利的後果，甚至讓你碰得頭破血流。

在處理上下關係的時候，既必須有理智的認識，也要盡可能處理得「圓融」些，處理得「人情化」點。

有的人平日自恃甚高，不到有事的時候，絕不肯輕易與上司打招呼，更不用說彼此聯絡感情了。

一旦出了紕漏，或是面臨升遷競爭，才慌慌張張忙成一團，不知如何是好，想來想去還是找上司關說去，於是大包小包地往上司家裡扔「炸彈」，又是說好話，又是皮笑肉不笑地陪笑臉，一副讓人討厭的虛僞模樣。

毫無疑問的，這種做法與交往方式並不得體，而且效果往往也不理想，因爲這種行徑，每一個想法與動作都反覆向對方表示，你是迫不得已才來「利用」他的。

如果是心地善良的上司，或許會體諒你的苦衷，但如果碰上「剛性」十足的上司，就極有可能「賠了夫人又折兵」。

爲什麼不把人際關係經營好，爲什麼總是「平時不燒香，臨時抱佛腳」呢？

我們不妨換一種思維方式，換一種不同的做法。

譬如說平時沒事的時候，多到上司家裡走走，說說話、談談心。在這種模式下，你並不是去求他辦什麼事，在他看來也沒有其他目的，只不過是人際的正常交往，他就沒有被利用的感覺，也很容易接受你的這種方式。

一旦發生了需要他照料或「關心」的事，直接去找他的時候，他會對你提的要求感到難以推卻，只得儘量想辦法替你解決，這不是更有效嗎？

總而言之，職場人際關係的經營法則是：不要讓人感到有被利用的感覺，而要讓對方覺得，他是在為朋友解難分憂。

如此一來，你才能左右逢源。

理解上司患得患失的心情

有時間，常常和上司聯絡感情。其實，只要理解他們的心理狀態，你就不會覺得自己是在逢迎拍馬了。

一個人的氣度，決定了自己的高度；一個人對上司的理解程度，也決定了日後能升遷到什麼程度。

與上司之間關係不佳的人，如果想要順利升遷，應該謹記日本作家池田大作提醒我們的處世原則：「即使開始懷有敵意的人，只要抱著真實和誠意去接觸，就一定能換來對方的好意。」

天底下沒有融化不了的冰山，職場上也沒有絕對不能和睦相處的上司，只要懂得用同理心，爲上司設身處地著想，眞心誠意地對待他們，那麼，就一定能換來他們更誠摯的回報，讓自己往後的升遷之路創通無阻。

如果有人說上司也需要下屬用同理心去公平對待，你一定會驚訝得張大嘴巴，認爲難道他們會覺得自己受了不平等的待遇嗎？

出乎你意料的，有時候的確如此。

上司也是人，也是芸芸衆生之中的普通一員。表面上，他們是高高在上，有的更是藉著職權耀武揚威、不可一世，事實上，他們內心充滿著患得患失的焦慮，時時刻刻擔心自己的地位、職權被人搶走。

有位心理學家曾這樣提醒我們：越是表現得盛氣凌人的人，越是在內心深處有難言之隱；越是不可一世的人，內心反而越空虛。

人同此心，心同此理，我們不妨設身處地想一想身邊的上司們，他們一樣難逃這位心理學家所做的斷言。

他們雖然身處高位，下屬們每天對他們畢恭畢敬，但下屬們越是如此，他們就越明白自己是因爲目前的職位或權柄，才得以被人尊敬。

如果，有朝一日「改朝換代」，或突然有一陣大風吹走了他的「烏紗帽」，那麼他就會變得一文不值，甚至成為人們訕笑的對象。

因此，上司十分需要下屬以真誠的態度尊重及關心他們，因為，他們跟我們一樣，都是有感情的普通人。

正是因為上司太過在意自己目前的職位和權柄，所以，有很多人，有意無意間受這種意識和心理的驅使，一旦手上握有權力，就變得窮凶極惡。

如果我們能夠確實理解和掌握他們這種希望被尊重、渴望被理解的心理，至少就掌握了一條怎樣與上司「維繫關係」的方法和門徑，從而在升遷途上少走許多不必要的彎路。

有時間，常常和上司聯絡感情。其實，只要理解他們的心理狀態，你就不會覺得自己是在逢迎拍馬了。

千萬不要和小人結仇

陰狠歹毒的小人，現實生活中到處都是，常常因為你不知不覺間得罪了他們而懷恨在心，伺機興風作浪將你吞噬。

唐德宗時期的宰相盧杞是個奸詐陰險的小人。他的祖父是唐玄宗時的宰相盧懷愼，以忠正廉潔著稱，從不以權謀私，深受朝野敬重，他的父親盧奕也是一位忠烈之士。盧杞在平時一副生活簡樸的模樣，穿著很樸素，飲食也不講究，人們都以爲他頗有父祖之風。

盧杞善於揣摩人意，工於心計，而且言行十分恭謹，容易取得別人的信任，正應了「大奸似忠」這句話。盧杞靠著左右逢源的本領，很快就由一個普通官員爬上了宰相的寶座。當上宰相之後，與其他奸臣一樣，當務之急就是鞏固自己的權位，想盡辦法打擊異己。

當時，與盧杞同朝爲相的楊炎，是個有名的理財能手。他提出的著名「兩稅法」在中國賦稅史上具有裡程碑的意義，也適時緩解了當時中央政府的財政困難。史學家曾評論說：「後來言財利者，皆莫能及之」。

楊炎長得上一表人才，而且博學多識，頗有政才。然而，他雖有宰相之才，卻無宰相應有的智慧，尤其是在處理同僚關係上，經常恃才傲物，目中無人，嫉惡如仇。對盧杞這樣的小人，他既不放在眼裡，也缺乏一個政治家應有的圓融和世故。

唐朝有個制度，就是幾位宰相每天要在政事堂一起同餐一次，叫做會食。楊炎因爲瞧不起盧杞，多次藉故推辭。每次上朝後都推說自己身體不好，獨自到別處休息，不願與盧杞一起共商國事。

如此一來，盧杞對楊炎更是忌恨有加，欲除之而後快，從此二人積怨越來越深。

盧杞深知不但不是科班出身，而且相貌醜陋，不是楊炎的對手，所以只能極盡阿諛奉承之能事，並逐漸取得了唐德宗的信任。

不久，機會終於來到了。節度使梁崇義背叛朝廷，拒不受命。唐德宗便命淮西節度使李希烈帶兵討伐。然而，楊炎不同意重用李希烈，認爲此人反覆無常，因此極力諫阻，唐德宗聽了甚是不高興。

李希烈最後還是受命掌握兵權，討伐梁崇義。但當他掌握兵權之後，正好碰上連日陰雨，行軍速度遲緩。

唐德宗是個急性子，就命人傳盧杞上朝商議。盧杞見機會已到，就順勢向皇上進言說道：「李希烈之所以徘徊拖延，只要是因爲楊炎掌權，心有疑慮。皇上又何必爲一個楊炎而耽誤了大事呢？不如暫時免去楊炎的宰相職位，使李希烈不再心有顧忌，如此一來，他就會竭盡全力爲朝廷效力了。事情過後再起用楊炎，相信楊炎會體諒皇上的苦衷。」

唐德宗竟認爲盧杞的話有理，聽信了他的話，免去了楊炎的的宰相之職。就這樣，楊炎因爲不願與小人同桌就餐，而莫名其妙地丟掉了相位。

但是，事情至此尚不能消解盧杞心中的怨恨。不久，盧杞又進讒言，害死了被貶的楊炎。

盧杞向唐德宗上奏，詭稱楊炎建家廟的地點，正是開元年間宰相蕭嵩準備立廟的地方，當年因爲玄宗皇帝曾到此巡遊，看到該處王氣很盛，就讓蕭嵩將家廟改建到別的地方了。如今楊炎又在此處修建家廟，必是居心叵測，想要謀反。

盧杞聲稱，近日來，長安城內到處謠言四起，說：「因爲此處有帝王之氣，所以楊炎要據爲己有，這必定是有當帝王的野心，再明白不過了。」

昏庸的唐德宗聽後，也不問眞假，便勃然大怒下令縊殺楊炎。就這樣，盧杞借皇上之手，幹掉了自己的一個強敵。

像盧杞這樣陰狠歹毒的小人，現實生活中到處都是，常常因爲你不知不覺間得罪了他們而懷恨在心，伺機興風作浪將你呑噬。作爲一個領導者，應時時提防這類小人暗中破壞做亂，否則不僅做不好工作，自己的前途也可能毀在他們的手中。

「不與小人結仇」，這是每個領導者不能不記取的警世之言，除非你甘願讓自己的前途佈滿坎坷！

別掉入挑撥離間的圈套

挑撥離間不是一種光明正大的行為，因此充滿隱匿性，試圖利用雙方的矛盾製造混亂，來達到自己渾水摸魚的目的。

莎士比亞曾經在《哈姆雷特》裡寫道：「人們往往用至誠的外表和虔誠的行動，掩飾一顆魔鬼般的內心。」

圍繞在我們身邊，那些包藏禍心的小人，通常都有這樣的特徵，有的人外表看起來似乎相當古道熱腸，但是，卻經常在背地裡玩弄挑撥離間的陰險伎倆，試圖從中獲得某些利益。

因此，千萬不要被別人刻意偽裝的表象蒙蔽，也不要輕信別人說的流言蜚語，應該審慎觀察他們是否表裡如一。

想要成爲一個優秀的領導者，應該隨時警惕周遭小人的挑撥離間，如此才不會使到手的「乳酪」被搶走。

離間術在競爭激烈的職場處處可見，是小人撥弄是非、製造矛盾，破壞他人團結，試圖從中坐收漁翁之利的一種圈套。

離間術在公司中有多種表現，如散佈謠言，製造同事之間、上下級之間的矛盾對立，或是將誤會加以渲染、擴大別人之間的分歧，或製造矛盾……等等。

挑撥離間的方式雖然很多，但是，目的通常只有一個，那就是：損人利己。

通常離間術往往是自我的、本位的，把離間的目的建立在自己實際利益之上。有時是爲了滿足個人的私利，有時則爲了滿足某種不正常的心理，有時也可能是爲了某個「小圈圈」的利益，但是無論怎樣，它都建立在損人利己的原則之上。

離間的目的和破壞性並不在於離間的過程，而是在離間後所出現的不良「禍果」上。挑撥離間不是一種光明正大的行爲，因此充滿隱匿性，試圖利用雙方的矛盾製造混亂，來達到自己渾水摸魚的目的。

離間者本身是在矛盾之外的，換句話說，它是一種「暗中」進行的行爲，因而難以被雙方覺察。一旦被人識破，離間行爲就宣告結束。

離間既然是一種隱匿性很強的行爲，通常也充滿了欺騙性。

離間是在採取正當、公開的手段難以達到目的，而選擇的一種不爲人覺察的行爲，離間者本人必須在被離間者之間遊刃有餘，獲得被離間者的信任，使離間行爲「天衣無縫」。

因此，離間者往往會製造假象，欺騙被離間者，使其產生錯覺，做錯誤的判斷，形成錯誤的認知，在不知不覺中落入圈套。

PART 12

要有禮賢下士的雅量

職務越高，往往和下屬的距離越遙遠。
如果不趕快設法改善的話，
實際上是親手斬斷了你翱翔於藍天的翅膀，
親手扔掉了你划船的槳。

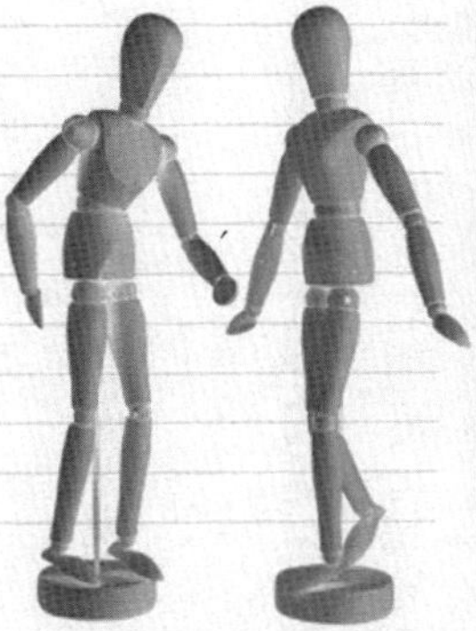

凡事多往好的方面想

做人的最高技巧是「凡事多往好的方面想」，如此一來，遭遇困難的時候才能激發自己的潛力，從容加以面對。

美國總統林肯曾說：「如果我們能夠瞭解自己的處境和趨向，那麼，我們就能更好地判斷我們應該做什麼，以及應該怎麼去做。」

想要奠立人生進步與成功的基礎，方法其實很簡單，那就是設法克服自己的缺點，努力發揚自己的優點。

對一個優秀的管人用人高手而言，熟悉自己置身的處境，明確自己未來的發展方向，摒除不必要的自卑感，保持不卑不亢的進取態度，無疑是比競爭對手更快獲得成功的關鍵之一。

引起自卑的心理，或者令人暫時失去自信心的情緒，通常是由於我們心裡產生了「受壓抑」的感覺，這種感覺有時也會使平常頗有自信心的人感到進退兩難，甚至大出洋相。

自己覺得「受壓抑」和「不自在」的現象在很多情況下都會發生。

例如，你今天必須在公司的業務會議上提出一項新企劃，而你擔心上司或某些同事可能會反對這項企劃。

在這種情況下，如果你忐忑不安、患得患失，受到壓抑的感覺便會從心底產生，嚴重的話更會使你的「演出」失常，小則出洋相，大則慘遭失敗。

壓抑感是一種心病，必須用「心藥」來醫治。

其實，你所擔心是尚未發生的事，而且這種狀況，只是你假設「可能會發生」而已，事實未必一定如此。

很可能同事們一致鼓掌通過你的企劃，上司也露出讚賞的笑容。

壓抑感很多時候只不過來自你「假設某種不利情況可能會發生」，這種假設僅僅是你的想像，其實根本並沒有往壞處想的必要。如果，你因爲這種壓抑感而深受困擾，那就是自作自受了。

做人的最高技巧是「凡事多往好的方面想」，如此一來，遭遇困難的時候才能激發自己的潛力，從容加以面對。

凡事多往好的方面想，並不是要你自欺欺人，而是不要爲尚未發生的事情憂心忡忡，因爲那只是我們的臆測，爲什麼不多往好處想想，然後信心百倍地去辦事呢？

爲什麼要用悲觀的想法讓自己陷入無名的苦惱之中呢？

請記住，凡事多往好處想，無形之中就會增強自己的信心，增強自己在別人心目中的形象，這將是你成功的關鍵。

你在意的是人才，還是雞蛋？

許多人在用人的時候，常常幹出拘泥於「兩個雞蛋」而放棄人才的蠢事。在處理日常工作和人際關係的時候，不妨寬容一些，大度一些。

美國作家邁斯曾說：「煤就算在地下埋了一萬年仍舊是煤，但是，人的資源如不被利用，就退化變質了。」

眞正稱得上管人用人高手的，正是那些不拘泥世俗的小節，懂得適時發掘人才、重用人才的人。

相傳子思住在衛國任職的時候，曾經向衛王推薦苟變。

他對衛王說：「苟變的才能足以率領五百輛戰車，不妨任命他爲軍隊的統帥。如果您能得到這個人，就可以天下無敵。」

衛王猶豫了一下，說道：「我知道荀戀的才能足以成爲統帥，但是，他以前當過地方小吏，去老百姓家收賦稅時，吃過人家兩個雞蛋，所以這個人操守有瑕疵，實在不宜重用。」

子思聽了又好氣又好笑，分析利弊得失說：「聖明的國君在選擇人才時，就像木工挑選材料一樣，重點是用它可以用的部分，捨棄不可用的部分，所以像杞樹、梓樹之類的材質，有的縱使已經腐爛了，高明的木匠並不會因此而扔掉它，因爲它有用的部分最後還可以做成精美的器具。現在是兵荒馬亂的時期，更應該選取可堪利用的人才。如果只因爲執著兩個雞蛋就捨棄可以爲衛國所用的將才，這種蠢事絕對不可讓鄰國知道，否則一定淪爲笑柄！」

衛王聽了之後，覺得頗有道理，於是便聽從子思的薦舉，重用荀戀爲大將軍。要不是衛王還有一點智慧和肚量，能夠虛心納諫，就可能會因爲兩個雞蛋而喪失一個不可多得的軍事統帥，而衛國的命運就將以另外一種不同的面貌，出現在春秋時期的歷史上。

事實上，許多人在用人的時候，常常幹出拘泥於「兩個雞蛋」而放棄人才的蠢事，只是程度略有不同罷了。

作爲領導者，尤其是掌握大權的領導者，在處理日常工作和人際關係的時候，不妨寬容一些，大度一些，「糊塗」一些。

有容人的肚量，才會理解一個人的優缺點；理解如何善用他的優點之後，彼此才能進行有效的溝通，填平橫阻在眼前的各種鴻溝，拉近彼此之間的距離。

如此一來，領導者在衆人心中的威望，自然而然就會提高許多，威信自然就建立了，而且對於部屬來說，也會由於獲得任用而心生感激，把你交付的任務當成自己應該肩負的使命來做。一旦自己的工作做得不好，就會於心有愧，更加認眞努力研究如何將工作做到盡善盡美。

適時認錯，會有意想不到的效果

無意中犯了錯誤，只要坦誠認錯，很容易得到別人的諒解，無損自己的威信。
相反的，欺上瞞下的做法遲早都會敗露，搞得你狼狽不堪。

如果你想成為卓越的領導人，有一番超越別人的成就，首先就必須建立起讓別人肯定的良好形象，才可能為自己招來優秀的人才，進而站在有力的地位，讓這些人才心甘情願為自己實踐抱負。

適時原諒犯了錯誤的人，在最關鍵的時刻，他就有可能變成自己生命中的貴人。

春秋戰國時期的秦穆公，是一個勇於認錯的國君。

有一次，他的一匹可以日行千里的良駒跑丟了，被一群不知情的窮百姓逮住，並且歡天喜地殺掉吃了。

當地官員得知後大驚失色，深怕秦穆公氣憤之餘怪罪到自己頭上，連忙將分食過馬肉的三百人都抓起來，準備統統處死。

秦穆公聽到稟報後卻說：「不能因爲一頭牲畜而害死這麼多人。」於是，他將被拘禁的百姓全數釋放，並且誠心向他們致歉，說自己管教不力，才差點讓地方官鑄成處決三百條人命的大禍。

後來，晉國發兵大舉入侵，秦穆公率領軍隊抵抗，這時有三百勇士主動請纓參戰，原來，他們正是被秦穆公釋放的三百壯士。

很多領導者認爲，自己的威信只能立不能挫。

這種想法相當程度誤解了威信的意義，以致於把立威立信誤認爲護短、諉過，一旦自己做錯了事就想盡辦法欺上瞞下，既不肯虛心認錯、檢討，又不肯接受別人的批評、建議。

這種領導人的特性是，凡事只能說他好，不能說他壞；只能報喜，不能報憂。然而，這與掩耳盜鈴有什麼區別呢？

古代有個笨賊，因爲害怕自己在行竊時主人家中的警鈴會發出響聲，所以想了一個自以為相當絕妙的辦法——把自己的耳朵堵起來，這樣就聽不到鈴聲了。

結果，主人還是抓住了他。原因就在於，他雖然堵住了自己的耳朵，卻無法堵住別人的耳朵。

在大街上不小心冒犯了別人，只要輕輕說聲對不起，就會皆大歡喜；如果舌頭懶得動一下，就可能演變成一場街頭血戰。

同樣的道理，無意中犯了錯誤，只要坦誠認錯，很容易得到別人的諒解，並能贏得大家的信任，更無損自己的威信，有時還會發揮意想不到的效果。

相反的，那種自作聰明、欺上瞞下的做法遲早都會敗露，而且一旦敗露，即使是很小的事情也會搞得你狼狽不堪，下不了台。

這種情形，就是古諺所說的「偷雞不成反蝕米」、「聰明反被聰明誤」。

要有禮賢下士的雅量

職務越高，往往和下屬的距離越遙遠。如果不趕快設法改善的話，實際上是親手斬斷了你翱翔於藍天的翅膀，親手扔掉了你划船的槳。

戰國時候的魏國國君魏文侯是一個禮賢下士的典型。據《史記》和《漢書》記載，魏國有一個叫段干木的人德才兼備，在民間聲望頗高，但是，他一直隱居在一條僻靜而人跡罕至的陋巷裡，不願意出仕當官。

魏文侯求賢若渴，很想重用他，因此想先與他見見面，向他請教一些治理國家的策略和方針。

有一天，魏文侯坐著馬車，興沖沖地親自到段干木所居住的巷子去拜訪他，可是段干木聽到魏文侯與馬車的喧鬧聲，就急忙翻牆而走了。魏文侯無可奈何，只好叫部下打道回府。

幾天之後，魏文侯接二連三前去拜訪，段干木都不肯相見。

但是，段干木越是這樣，魏文侯就越是敬重和仰慕他的氣節和才華，每次路過他的門口，都要從座位上站起來，扶著馬車的欄杆，翹首仰望良久。

魏文侯手下的僕從對此頗有微詞，對魏文侯埋怨說：「這個段干木也太不識抬舉了，連一國之君誠心誠意拜訪他，都敢避而不見，像這種目中無人的人，您還理會他幹什麼呢？」

魏文侯不以爲然地搖搖頭說：「你們不懂，段干木先生是個非常了不起的人。他不趨炎附勢，不貪圖富貴，品德高尚，學識又淵博，這樣的君子，我們有什麼理由不敬重他呢？」

後來，魏文侯乾脆放下國君的架子，不乘車馬，也不要僕從隨行，身著布衣平民的打扮來到段干木先生的家裡，這回總算見到了他。

魏文侯非常恭敬地向段干木請教國家大事，段干木被魏文侯的誠意所感動，於是就爲他出謀劃策，提出了不少治國策略。

魏文侯想要請段干木出任魏國宰相，可段干木無論如何不肯出任。魏文侯不得已，只好退而求其次拜他爲師，並經常去看望他，隨時聽取他的意見和建議。

魏文侯拜訪段干木的事情很快就傳開了，各國百姓都知道魏文侯是一位不擺國君架子，禮賢下士的明君。

於是，一些富有才學的傑出人士紛紛投奔魏國，不但獲得重用，也受到十足的禮遇和尊重。譬如，政治家翟璜、李悝輔佐魏文侯變法圖強，廢除奴隸制，進行政治、經濟改革，使得魏國不久就躍爲當時的戰國七雄之一。

爲了在人際關係中做到誠心正意，我們必須學習魏文侯禮賢下士的雅量，敞開自己的心房，誠心誠意與別人溝通，不管對任何人，在任何時間、任何地點，都要表現出自己的誠意。

位居高層的企業主管或領導人，很容易與同事、下屬、顧客和龐大的消費者疏離，而且職務越高，距離越遙遠。

如果不趕快設法改善的話，實際上是親手斬斷了你翱翔於藍天的翅膀，實際上是親手扔掉了你划船的槳，無疑是身爲一個領導者的大忌。

找出下屬造成巨大損失的原因

競爭激烈的商場如戰場，失敗一次就已經落後別人了，如果不趕快找個得力人才來迅速改正並推動發展業務，就極有可能從此一蹶不振，淹沒於競爭的汪洋大海之中。

當下屬對公司造成巨大損失時，首先要迅速地調查問題的原因，而不是忙著斥責或解雇他。如果是因爲外部不可抗拒、不可預測的原因，你應當繼續留用他。

例如，前面所提到的美國克萊斯勒汽車公司總經理艾科卡，在他上任剛把人才配置到位不久，就爆發了兩伊戰爭，並因此衍生了石油危機。公司資金嚴重短缺、周轉不靈，人才一個個離去。這對於剛剛起步的艾科卡，無疑是一個致命的打擊，幾乎把他擊倒在地。

但是克萊斯勒汽車公司的董事們，並沒有因此立即撤換艾科卡的總經理職務，因爲他們知道這不是他的錯誤，而是誰都無法避免和預見的問題，並在隨後的日子裡繼續支持艾科卡的工作。

果然，儘管遭受了這場意外的損失，但很快的，艾科卡就運用自己的才能，進行各方面的活動，包括向國會議員們遊說，獲得了更多的銀行貸款，終於渡過了他上任以來的第一次難關，並使克萊斯勒公司迅速地發展起來，成爲了美國汽車工業第三大巨人。

如果經過調查，造成損失是部屬能力和知識不足的緣故，那麼就要毫不猶豫地加以解雇。因爲，競爭激烈的商場如戰場，失敗一次就已經落後別人了，如果不趕快找個得力人才來迅速改正並推動發展業務，就極有可能從此一蹶不振，淹沒於競爭的汪洋大海之中。

國外一些大公司的總經理，即使是沒有犯下重大的錯誤，也有可能遭到解雇，原因是，一個人在同一個崗位待久了，就會產生惰性，思維僵化，不思進取。而換一個新的領導人，則會帶來新的氣息和思路。

還有些人，雖然在工作崗位上並沒有犯大的錯誤，但是，也沒有發揮應有的作用，領導者也必須嚴格地限他在一定時間內做出成績，否則，就一定要痛下決心，毫不猶豫地撤換。

日本三洋電機公司總經理井植薰的一個小故事就很有啓發性。

有一次，一家分公司經理特地前來詢問他：「不知爲什麼，分公司老是不賺錢，你能否做個診斷？」

於是，他立即來到了這家分公司視察，隨口問陪同他的經理：「這個零件，是多少錢買來的？」

「這個……我不知道，要問問採購科長。」

「是嗎？既然如此，讓那位科長來當經理如何？這樣就會賺錢了。」

過了一段時間，井植薰又來到了這家分公司，但他這次二話不說，只要這位經理把企業利潤表拿來看看。當他看完幾個月來分公司的效益還是低迷不前時，就不聲不響地走了。

很快的，這家分公司的經理就收到了一封解雇書，後面還附有一張紙條：我不能容忍一個人在這個位置上幾個月毫無建樹。

禮物越豐富，越容易獲得別人幫助

「誠意」是相當抽象的，往往讓人摸不著邊際，因此，最好以實際的禮物來呈現。至於禮物的大小多寡，當然得視事情的困難度而定。

美國管理大師彼得·杜拉克曾經說過：「一個管理者如果把手下的人看做是軟弱的、不負責的、懶懶散散的，那麼，毫無疑問的，他的屬下也必定會如他所預期的一般發展。」

這番話告訴我們，知道人才的特性，並且懂得在恰當的時機運用他們的才能，才會是一個成高的領導者。

淳于髡是戰國時齊王的一個入贅女婿。他身材不高，但能言善辯，非常風趣，曾經多次代表齊國出使各諸侯國，從來沒有受到冷落或屈辱。

當時，齊國由齊威王執政。齊威王愛聽小人的甜言蜜語，又喜好徹夜宴飲，逸樂無度，陶醉於飲酒之中，把政事委託給卿大夫。文武官員跟著荒淫放縱，各國見狀便乘機來侵犯，使得齊國存亡就在旦夕之間。

西元前三七一年，楚國派大軍侵犯齊國。齊威王於是派遣淳于髡出使趙國求救，並讓他攜帶黃金百斤，馬車十輛和駕車的馬四十匹，作為送給趙王的禮物。

豈料淳于髡見到這些禮物，仰天大笑，竟將繫帽的帶子都笑斷了。

齊威王見到他這副模樣，連忙又追問他為什麼這樣笑。

淳于髡這才說道：「今天我從東邊來時，見路旁有個祈求神明的人，拿著一隻豬蹄、一濁杯酒，對天告禱說：『請讓高地上收穫的穀物盛滿篝籠，低田裡收穫的莊稼裝滿車輛，五穀豐登，米糧堆積滿倉。』我見他拿的祭品很少，祈求的東西太多，所以不禁笑了出來。」

齊威王聽出隱喻，只好調出了大量的金銀財寶及多項寶物，命淳于髡前往趙國求援。後來，淳于髡果然不辱使命，帶回救援的數萬趙國精兵前來，楚軍聽聞消息便打消了進攻之意。

淳于髡受命前往趙國借兵，但看到齊威王所準備的禮品實在誠意不足，就算自己能力再高也難以打動趙王，不禁仰頭大笑齊威王的天眞。所幸，齊威王並非眞正的昏庸之君，聽懂了淳于髡的暗示，連忙搬出更多金銀財寶。

後來，淳于髡之所能從趙國借回了數萬精兵，讓楚國打消進犯之意，化解了亡國危機，除了他本身的三寸不爛之舌之外，當然得歸功於他所攜帶的這些珍貴禮物。

想要求人幫助，除了必須懂得如何開口之外，還得擺出自己的「誠意」。「誠意」是相當抽象的，往往讓人摸不著邊際，因此，最好以實際的禮物來呈現。

至於禮物的大小多寡，當然得視事情的困難程度而定，越棘手的事，禮物當然必須越豐富。

千萬別像故事中的齊威王，想要別人爲自己解決燃眉之急，卻還吝於一些可有可無的身外之物。

感謝揭發自己缺點的人

英國文學評家哈茲裡特在自己的劄記裡寫著：「比別人有智慧的人，往往比別人更真誠；精神的力量就是敢於正視別人說出的真話。」

扁鵲是戰國時代的名醫，和三國時代的名醫華佗齊名。

有一天，扁鵲有事去見蔡桓公，見面後便對他說：「大王，您生病了，目前病只在皮膚裡面，趕快醫治吧。」

蔡桓公回答說：「不用治，我沒有病！」

十天以後，扁鵲又來見桓公，提醒他說：「大王，您的病已經進到了肌肉裡，再不醫治，病情就會加重！」

桓公聽了很不高興，仍不理會扁鵲的說法。

過了十多天，扁鵲再次見到蔡桓公，又說：「大王，您的病已經蔓延到腸胃，再不醫治就危險了！」

桓公仍然不理，而且愈加生氣。

又過了十多天，扁鵲前來見蔡桓公，看了幾眼之後，轉身就走。蔡桓公覺得奇怪，連忙派人追問。

扁鵲淡淡地回答說：「一個人生了病，病在皮膚、肌肉、腸胃的時候，都有辦法醫治好，但是病到骨髓就沒有辦法了。現在，大王的病，已經擴散到骨髓，我沒有辦法醫治了。」

五天之後，蔡桓公果然遍身疼痛，立刻再派人去請扁鵲，但是，扁鵲知道他已經病入膏肓無法醫治，早就跑到秦國躲起來了，蔡桓公很快就病死了。

英國文學評家哈茲里特在自己的札記裡寫著：「比別人有智慧的人，往往比別人更真誠；精神的力量就是敢於正視別人說出的真話。」

扁鵲三次見蔡桓侯，都看出他有病，而且一次比一次嚴重，但蔡桓侯卻一再拒不承認，也不肯接受醫治；扁鵲最後一次見到桓侯時，一照面就轉身走了，這是因爲桓侯已病入膏肓，再高明的醫生也無法治癒了。

不論大病還是小病，非得要病人本身願意配合，否則就算是再高明的醫生，都無法加以救治。

同樣的，縱使知道自己的缺失、弱點，如果不是自己想要改正，眞心想革除舊弊，那麼別人就算是說破了嘴也沒用，告訴你一千一萬種可以改進的方法，如果你不願意去嘗試，也是枉然。

扁鵲身爲一名醫者，他的本分就是爲人治病，但遇上了像蔡桓公這樣不合作的病人，最後病入膏肓，藥石罔效了，才要來找他治，扁鵲自然是躲得遠遠的，以免惹禍上身。

由此可知，能針對我們的缺點向我們提出建議的人，才是眞正的良師益友，或許他們會撕開我們的傷痛處，但是，這樣的人，其實才是眞正爲我們著想的人。

如果我們像蔡桓公那麼盲目、固執，不肯坦然面對自己的缺乏，那些眞正對我們有所助益的人，必然會紛紛遠離我們，最後蒙受損失的，當然是我們自己。

錯估形勢是失敗的開始

英國作家約翰遜在《拉塞勒斯》一書中寫道：「一個人的智慧或美德難得使眾人幸福，然而，一個人的愚昧或惡行，卻常能使眾人不幸。」

美國作家門肯曾說：「庸才之所以平庸，基本上就是因為他們的思想愚昧無知，而且老是固執己見。」

一個領導者才能平庸並不可恥，可恥的是無法判斷別人的建議是否對自己有益，而不假思索地全盤加以否決。

西元前七四三年，十四歲的寤生繼任爲鄭國國君，史稱鄭莊公。

過了三年，衛國爲了擴張領土，便聯合宋、陳等國準備進攻鄭國。爲了離間衛國的主要盟國陳國，鄭莊公派遣使者到陳國去要求和好，並希望結成聯盟。

不料，陳桓公打從心裡瞧不起鄭莊公，不願與鄭國結盟。陳桓公的弟弟五父向他勸諫說：「對鄰國親近、仁愛和友善，是立國的根本。為了顧全這些，您應該考慮答應鄭國的要求。」

但是，陳桓公聽不進五父的話，反駁說：「宋國和衛國都是大國，它們才是我們陳國得罪不起的。像鄭國這種小國，能有什麼作為？就算得罪它，它也不能把我們陳國怎麼樣！」

鄭莊公得知陳桓公拒絕與自己結盟，執意要配合衛國出兵，不禁勃然大怒，決定給他點顏色瞧瞧。於是，西元前七一七年，他率領大軍攻伐陳國，陳桓公倉促率軍應戰，結果大敗。

後來，史學家針對上面這段歷史發表評論說：「友善不可丟失，罪惡不能滋長，陳桓公便是最好的寫照，一直做罪惡的事而不知改過，最後一定會自食其果。」

英國作家約翰遜在《拉塞勒斯》一書中寫道：「一個人的智慧或美德難得使眾人幸福，然而，一個人的愚昧或惡行，卻常能使眾人不幸。」

古今中外的聖人賢者無不勉勵世人要時時為善，如果明知自己所作所為是錯誤、罪惡，仍一意孤行，勢必難以得人諒解，最後必將自食惡果。

陳桓公的驕傲自大、近視短見，既錯估形勢又不聽勸諫，終於爲自己和國家帶來一場毫無勝算的戰事，惹得無端百姓受害，民不聊生，國力更因之衰竭，實在不值得同情。

錯估形勢是失敗的開始，千萬不要志得意滿地瞧不起一些看似微不足道、卻充滿潛力的小人物，而應該設法與他們和睦共處。否則，等他們的勢力壯大之後，遭殃的人必然是自己。

別跟身邊的「母老虎」過不去

就辯才來說，你肯定鬥不過她的潑婦罵街，此外，「母老虎」型的女人精於察言觀色，拆穿男人嚴肅的假面具，所以應該儘量避免與她發生舌戰。

管人難，管女人更難，而管身邊的「母老虎」則難上加難。許多公司的部門主管，總是有這方面的感歎。

不可否認，現在的婦女已經能撐半邊天，許多男性主管對於征服男下屬很有一套，但是對付辦公室裡的三姑六婆卻束手無策，因爲在這些三姑六婆當中有不少讓人惹不得的「母老虎」。

「母老虎」的特徵可以歸納如下：

• 擁有自己的「地盤」，專門在自己的地盤內呼風喚雨。

・以為世間萬物只要有錢便可以解決。
・情緒表現十分極端，情感好惡非常強烈。
・在工作方面工作，不重視根本問題，而專門不切實際地對小事挑毛病。
・生活的最大樂趣是參加不同類型的宴會。
・專門與推崇自己的人交往。
・表面上一副高雅動人的模樣，但是心地卻不像外表那麼善良，喜歡勾心鬥角，鬥爭的手段冷酷無情。
・雖然不喜歡成群結黨，但也不會單獨行動，身邊隨時都有幾名忠實的「男僕」或「女僕」追隨著。
・衣著講究豪華，款式一定要新穎，跟隨潮流；食的方面好惡明顯；住的方面非常重視，而且喜歡四處向人顯耀自己的品味。
・嫉妒心超過一般人的想像，尤其是對比自己優秀的人，這種現象更為強烈，儘管表面上不動聲色，心裡卻暗潮洶湧，盤算著如何使出陰招。

防範這類「母老虎」的方法是：

•避免爭吵。

這是避免惹禍上身的最佳方法，因爲就辯才來說，你肯定鬥不過她的潑婦罵街，此外，「母老虎」型的女人精於察言觀色，拆穿男人嚴肅的假面具，所以應該儘量避免與她發生舌戰，否則吃虧的一定是自己。

•開門見山。

不管你演得多麼逼眞，捏造的謊言多麼天衣無縫，「母老虎」型的下屬依然會細心地從你的話中找出破綻，然後狠狠地發動攻擊，毫不留情地把你「刮」一頓。

所以，與其編造謊言，不如一開始就開門見山將事情說清楚。

這樣一來，不僅可以免於受到「母老虎」的「轟擊」，也可以作爲下屬的表率，提高自己的威信。

•千萬不可唯命是從。

對付「母老虎」，有時也必須使用強硬的手段，譬如對她說：「妳以後再這樣狂妄不講理，我將在公司的會議上公開檢討妳，甚至把妳調離公司！」

「母老虎」大多愛好面子，非常注重外界對自己的評價，強硬的態度，肯定會使她氣焰有所收斂。

「母老虎」型的下屬，性格蠻橫，爭強好勝，並且又刁鑽難纏，所以在公眾場合千萬不要與其爭論，否則，一旦你處於下方，大家不僅將你視爲「無用的人」，而且，會讓她認爲你軟弱可欺，而採取進一步的報復行動。

與其當衆和她爭得面紅耳赤，倒不如先忍一忍，事後再私下單獨用道理和職權跟她「計較」一番。

Thick Black Theory is a philosophical treatise written by Li Zongwu, a disgruntled politician and scholar born at the end of Qing dynasty. It was published in China in 1911, the year of the Xinhai revolution, when the Qing dynasty was overthrown.

全新白話編修版

Thick Black Theory

白話 厚黑學大全集

林語堂、南懷瑾、柏楊、李敖 四名大師
一致讚賞的驚世奇書

Thick Black Theory
Thick Black Theory is a philosophical treatise written by Li Zongwu, a disgruntled politician and scholar born at the end of Qing dynasty. It was published in China in 1911, the year of the Xinhai revolution, when the Qing dynasty was overthrown.

用厚黑圖謀一己私利,是極卑劣的行為:用厚黑圖謀眾人公利,是至高無上的道德。

現實的社會充滿陷阱，處處可以見到欺騙，詭詐，巧取豪奪；
複雜的人性捉摸不定，有時散發著善良的光輝，有時流露著醜陋的慾望。
人不能只有小聰明，卻沒有大智慧；厚黑學不是教你賣弄聰明、耍奸玩詐，
而是教你看穿人性、修練人生，認清誰正在對你使詐。

當我們熟讀厚黑學，就會知道所謂英的英雄、偉人都是厚黑高手，
世間既厚又黑的人到處都是，應付人情事故的時候，
就不會被厚黑之輩愚弄了……

Thick Black Theory is a philosophical treatise written by Li Zongwu, a disgruntled politician and scholar born at the end of Qing dynasty. It was published in China in 1911, the year of the Xinhai revolution, when the Qing dynasty was overthrown.

公孫龍策 編修

厚黑教主 李宗吾 著

Thick Black Theory is a philosophical treatise written by Li Zongwu, a disgruntled politician and scholar born at the end of Qing dynasty. It was published in China in 1911, the year of the Xinhai revolution when the Qing dynasty was overthrown.

Thick Black Theory

Thick Black Theory

Thick Black Theory is a philosophical treatise written by Li Zongwu, a disgruntled politician and scholar born at the end of Qing dynasty. It was published in China in 1911, the year of the Xinhai revolution, when the Qing dynasty was overthrown.

厚黑學

利用人性弱點，讓別人為你效命

完全使用手冊

管人用人篇

戴爾．卡耐基在《人性的弱點》裡說道：

人性中最深切的一種特質，
就是內心那股受人賞識的渴望。

不管是什麼樣的人，都希望自己能夠被理解，能夠被器重，
想要成為一個優秀的領導者，管人用人之時，
就必須妥善運用人性中的這個弱點。

塞萬提斯曾說：「**貓兒被捧上天的時候，也會以為自己就是獅子。**」

其實，適時拍部屬的馬屁是一種最高明的管理技巧，因為，被你捧上天的部屬，
即使是一頭「綿羊」，為了自己的面子，也不得不強迫自己發揮「老虎」的能力來為你賣命。

Thick Black Theory is a philosophical treatise written by Li Zongwu, a disgruntled politician and scholar born at the end of Qing dynasty. It was published in China in 1911, the year of the Xinhai revolution, when the Qing dynasty was overthrown.

王照 編著

厚黑學完全使用手冊：管人用人篇

作　　者　王　照
社　　長　陳維都
藝術總監　黃聖文
編輯總監　王　凌
出 版 者　普天出版社
新北市汐止區康寧街 169 巷 25 號 6 樓
TEL / (02) 26921935（代表號）
FAX / (02) 26959332
E-mail：popular.press@msa.hinet.net
http://www.popu.com.tw/
郵政劃撥 19091443 陳維都帳戶
總 經 銷　旭昇圖書有限公司
新北市中和區中山路二段 352 號 2F
TEL / (02) 22451480（代表號）
FAX / (02) 22451479
E-mail：s1686688@ms31.hinet.net
法律顧問　西華律師事務所・黃憲男律師
電腦排版　巨新電腦排版有限公司
印製裝訂　久裕印刷事業有限公司
出 版 日　2018（民 107）年 10 月第 1 版
ISBN◉978-986-389-541-1　　條碼 9789863895411

國家圖書館出版品預行編目資料

厚黑學完全使用手冊：管人用人篇／
王照著.—第 1 版.—：新北市,普天
民 107.10 面；公分. -（智謀經典；03）
ISBN◉978-986-389-541-1（平裝）

權謀經典
03